VIRGINIE FRATELLI

HYPER-SENSIBILITÉ

RÉPONSES PRATIQUES AUX DÉFIS DU QUOTIDIEN

> *Être hypersensible, c'est ressentir le monde en haute définition. Chaque émotion, chaque interaction vibre en vous avec une intensité unique. Et si cette sensibilité, parfois incomprise, était votre superpouvoir ?*
>
> *Ce livre est une promesse : celle de vous aider à accepter pleinement qui vous êtes, à transformer votre sensibilité en une force précieuse et à illuminer le monde qui vous entoure.*
>
> *Parce que les hypersensibles comme vous sont les catalyseurs d'humanité et d'espoir dont le monde a besoin.*
>
> Virginie FRATELLI

 2025, Virginie FRATELLI

Tous droits de reproduction, d'adaptation et de traduction, intégrale ou partielle réservés pour tous pays. Le Code de la propriété intellectuelle interdit les copies ou reproductions destinées à une utilisation collective. Toute représentation ou reproduction intégrale ou partielle faite par quelque procédé que ce soit, sans le consentement de l'auteur ou de ses ayant droit ou ayant cause, est illicite et constitue une contrefaçon, aux termes des articles L.335-2 et suivants du Code de la propriété intellectuelle. Toute infraction à ces droits constitue une contrefaçon passible de sanctions civiles et pénales.

Impression : Libri Plureos GmbH, Friedensallee 273, 22763 Hamburg (Allemagne)

Édition : BoD · Books on Demand,
31 avenue Saint-Rémy, 57600 Forbach,
bod@bod.fr
ISBN : 978-2-3225-5124-8
Dépôt légal : Janvier 2025

SOMMAIRE

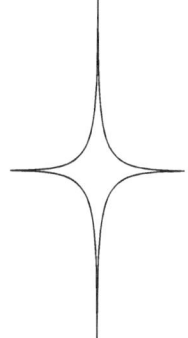

10 | **Introduction**
Comprendre et Valoriser l'Hypersensibilité

15 | **Relations Interpersonnelles :**
Comprendre et se faire comprendre

- Comment expliquer mon hypersensibilité à mes proches sans craindre d'être jugé(e) ?
- Quels sont les meilleurs moyens de poser des limites claires avec les autres, même face à une mauvaise réaction ?
- Comment gérer les conflits et les malentendus sans laisser ma sensibilité amplifier la situation ?
- Comment naviguer dans une relation amoureuse avec un(e) partenaire qui ne partage pas ma sensibilité ?

37 | **Gestion des Émotions et de l'Énergie :**
Préserver son équilibre

- Comment reconnaître les signes de surcharge émotionnelle et y remédier rapidement ?
- Quels outils pratiques pour éviter d'absorber les émotions négatives des autres tout en restant empathique ?
- Quelles routines quotidiennes adopter pour mieux gérer mon énergie et mes émotions intenses ?

55 | Environnement Professionnel : Hypersensibilité et réussite au travail

- Quels sont des moyens de gérer les critiques ou conflits au travail sans les prendre trop à cœur ?
- Comment poser des limites professionnelles face à des demandes ou des situations qui me submergent ?
- Quelles techniques discrètes pour rester calme dans des situations professionnelles stressantes (réunions, interactions difficiles) ?

71 | Bien-être Personnel : Créer un quotidien apaisant

- Comment aménager un environnement qui favorise mon ressourcement au quotidien ?
- Quelles activités et rituels relaxants sont particulièrement bénéfiques pour les hypersensibles ?
- Comment apprendre à m'aimer et valoriser ma sensibilité comme un atout ?

87 | Relations Numériques et Médias Sociaux : Naviguer avec sérénité

- Comment gérer l'impact émotionnel des réseaux sociaux et des actualités négatives ?
- Quels sont des moyens de réduire la surcharge numérique tout en restant connecté(e) aux autres ?
- Comment transformer les réseaux sociaux en une source d'inspiration plutôt qu'en une source de stress ?

99   Développement Personnel : Faire de l'hypersensibilité une force

- Quels outils de développement personnel (méditation, journaling, pleine conscience) sont les plus adaptés aux hypersensibles ?
- Comment cultiver la confiance en soi et transformer ma sensibilité en un levier d'épanouissement personnel ?
- Comment m'entourer d'influences positives et de personnes inspirantes pour m'aider à m'épanouir ?

115   Défis spécifiques des hypersensibles : Trouver des solutions adaptées

- Comment surmonter un deuil ou une perte sans me sentir submergé(e) par mes émotions ?
- Que faire face au sentiment d'isolement ou d'incompréhension de la part de mes proches ?
- Comment gérer mon hypersensibilité en tant que parent ou dans une famille hypersensible ?

131   Conclusion : Une vie épanouie avec hypersensibilité

- Quels mantras et affirmations positives intégrer dans mon quotidien pour renforcer ma sérénité ?
- Comment tirer des enseignements de mes expériences pour transformer mes défis en opportunités ?
- Quels conseils clés retenir pour voir mon hypersensibilité comme un don unique, et non une faiblesse ?
- Comment trouver ma place dans un monde qui a besoin des hypersensibles et contribuer positivement ?

PRÉFACE

Il y a quelques années, j'ai découvert une expression qui a profondément changé ma perception de moi-même : *l'hypersensibilité*. Ce terme, à la fois simple et puissant, a résonné en moi comme une révélation.

Pendant des années, je me suis sentie à part, différente, souvent incomprise, et j'ai longtemps cherché une explication à cette fragilité émotionnelle qui me traversait sans cesse. Pourquoi est-ce que je ressentais tout plus intensément que les autres ? Pourquoi mes émotions étaient-elles parfois si envahissantes ? Et pourquoi avais-je l'impression d'être en décalage avec le monde qui m'entourait ?

Ce n'est qu'en découvrant l'hypersensibilité, que j'ai enfin compris. J'ai eu ce moment de soulagement, comme si un poids s'était enlevé de mes épaules. En apprenant que je n'étais pas seule, que de nombreuses personnes, comme moi, ressentent le monde avec une telle intensité, j'ai pris conscience que ma sensibilité n'était pas une malédiction, mais un don. Un don qui m'apporte une richesse émotionnelle, une capacité de compréhension profonde des autres, une créativité débordante, et une intuition affûtée. Cela m'a permis de changer de perspective sur ma propre vie et d'apprécier ce qui me rendait unique.

Au fur et à mesure de mon cheminement, j'ai ressenti le besoin de me former et d'approfondir ma connaissance de l'hypersensibilité. Je voulais comprendre comment l'utiliser à mon avantage, comment en faire une force dans ma vie personnelle et professionnelle. C'est cette quête qui m'a amenée à écrire ce livre.

Hypersensibilité : Réponses Pratiques aux Défis du Quotidien est né de ce désir profond de partager, avec vous, les outils, les réflexions et les stratégies qui m'ont aidée à mieux comprendre et apprivoiser ma sensibilité.

Si vous êtes hypersensible, ce livre est pour vous. Si vous vous sentez parfois submergé par vos émotions, incompris ou perdu dans un monde qui ne semble pas toujours conçu pour des personnes comme vous, alors ce livre est une réponse concrète à vos questions. Il vous offrira des clés pratiques pour naviguer dans un quotidien où l'intensité émotionnelle peut parfois être difficile à gérer. Vous y trouverez des solutions pour transformer votre hypersensibilité en une véritable force, pour mieux comprendre votre propre fonctionnement et pour créer un environnement serein, épanouissant et équilibré.

Loin de vous donner des réponses toutes faites, je vous invite ici à explorer votre propre hypersensibilité, à l'accepter et à la valoriser. Ce livre est un guide, une source d'inspiration, mais avant tout un soutien pour vous aider à trouver votre propre voie dans ce monde qui peut parfois paraître trop bruyant, trop rapide, ou trop insensible. Parce que, vous aussi, en tant qu'hypersensible, vous méritez de vivre une vie épanouie, riche de sens et en harmonie avec vous-même.

Je suis ravie de partager avec vous ce voyage, et j'espère que ce livre pourra être, pour vous, une étape décisive vers l'acceptation et la valorisation de votre hypersensibilité. Vous n'êtes pas seul(e), et ce livre est là pour vous guider, pour répondre à vos interrogations, et pour vous accompagner dans cette aventure personnelle.

Merci de m'avoir accordé votre confiance et bienvenue dans un univers où la sensibilité n'est pas un fardeau, mais une véritable source de lumière et de force.

INTRODUCTION

Qu'est-ce que l'hypersensibilité, et pourquoi est-elle souvent mal comprise ?

L'hypersensibilité est une caractéristique souvent mal comprise, mal perçue ou même ignorée dans notre société. Il s'agit d'une réactivité émotionnelle et sensorielle accrue, un moyen d'être profondément affecté par des stimulations qui échappent souvent aux autres. Les hypersensibles ressentent les émotions de manière plus intense, que ce soit la joie, la tristesse, l'empathie, ou même la douleur. Cette sensibilité peut se manifester à travers une réactivité aux bruits, aux lumières, aux émotions des autres, ou encore à des stimuli subtils que la plupart des gens ne remarquent même pas.

Cette intensité émotionnelle et sensorielle peut, à première vue, sembler être une faiblesse dans un monde qui valorise souvent la rationalité et l'efficacité. Par conséquent, beaucoup d'hypersensibles se retrouvent incompris, jugés comme « trop sensibles », « fragiles », ou « exagérés ». Ils sont parfois invités à « se ressaisir » ou à « ne pas être si émotifs », ce qui accentue leur sentiment de déconnexion et de solitude. Pourtant, cette sensibilité est loin d'être une faiblesse. C'est un trait unique qui, lorsqu'il est compris et correctement géré, peut être une véritable force.

Quels sont les principaux traits des hypersensibles et les défis qu'ils rencontrent ?

Les hypersensibles présentent certains traits distinctifs, qui, bien qu'ils varient d'une personne à l'autre, partagent souvent des caractéristiques communes. Parmi elles :

1. **Sensibilité accrue aux stimuli externes :** Les hypersensibles sont particulièrement réactifs aux bruits forts, aux lumières vives, aux changements dans l'environnement, et même aux atmosphères émotionnelles. Ils peuvent être facilement perturbés dans des situations très stimulantes, comme des environnements bruyants ou chaotiques.
2. **Empathie profonde :** Les hypersensibles sont capables de percevoir et de ressentir les émotions des autres avec une grande intensité. Bien que cela puisse créer des liens forts et profonds, cela peut aussi être accablant lorsqu'ils absorbent la douleur ou la frustration des autres.
3. **Réflexion constante :** Les hypersensibles ont tendance à être introspectifs, à réfléchir sur leurs émotions et les situations vécues. Cela peut mener à une gestion émotionnelle parfois complexe, où les pensées et les sentiments se superposent, créant parfois un tourbillon intérieur difficile à gérer.
4. **Surcharge émotionnelle :** L'hypersensibilité peut entraîner une surcharge émotionnelle, surtout dans des environnements sociaux ou stressants. Les hypersensibles peuvent éprouver un épuisement émotionnel après des interactions prolongées ou des situations intenses, ce qui peut les amener à rechercher la solitude pour se ressourcer.

Les défis sont donc multiples : se faire comprendre dans un monde où la rationalité domine, gérer une intense charge émotionnelle et physique, ou encore trouver un équilibre entre les exigences extérieures et le besoin de se préserver.

Pourquoi ce livre est un guide pour transformer votre sensibilité en une force ?

Ce livre est conçu pour vous aider à comprendre, accepter et valoriser votre hypersensibilité. Loin de chercher à vous faire entrer dans un moule ou à minimiser votre expérience, il propose des stratégies concrètes pour que vous puissiez embrasser votre sensibilité et l'utiliser comme un levier pour un mieux-être dans votre vie quotidienne.

Loin d'être un simple manuel théorique, ce guide propose des réponses pratiques, des outils et des réflexions pour vous permettre de faire face aux défis liés à votre hypersensibilité. À travers des conseils sur les relations interpersonnelles, la gestion des émotions, le bien-être personnel, et bien plus encore, ce livre vous offre des solutions adaptées pour vivre pleinement et sereinement avec votre hypersensibilité. Vous apprendrez non seulement à mieux gérer vos émotions et vos interactions, mais aussi à en tirer une véritable force, à la fois dans vos relations personnelles et professionnelles.

Comment utiliser ce livre pour en tirer le meilleur ?

Le contenu de ce livre est conçu pour être accessible et applicable au quotidien. Chaque chapitre se concentre sur une facette essentielle de la vie d'un hypersensible, offrant des réponses directes et pratiques à des situations concrètes. Vous trouverez des outils de gestion émotionnelle, des conseils pour maintenir un équilibre intérieur, ainsi que des stratégies pour mieux interagir avec les autres, qu'il s'agisse de vos proches, de vos collègues, ou même de vous-même.

Le livre est structuré de manière à ce que vous puissiez le parcourir de manière linéaire ou selon vos besoins spécifiques. Vous pourrez y revenir chaque fois que vous vous sentirez submergé(e), que vous ayez besoin de conseils pour une situation particulière ou que vous cherchiez à approfondir un aspect spécifique de votre hypersensibilité.

L'objectif est de vous donner des clés pratiques que vous pourrez utiliser immédiatement et de manière flexible.

Hypersensibilité et diversité humaine : une richesse à intégrer dans le monde d'aujourd'hui

L'hypersensibilité, loin d'être une faiblesse, est une richesse unique. Dans un monde qui évolue constamment, où les relations humaines, la compréhension de l'autre et l'empathie prennent de plus en plus de place, les hypersensibles sont des catalyseurs de connexion, de sensibilité et d'intuition.

Cette sensibilité particulière permet de percevoir des nuances invisibles à d'autres, d'être plus à l'écoute des besoins des autres, et de nourrir des relations plus profondes et authentiques.

Aujourd'hui, nous sommes appelés à intégrer cette diversité émotionnelle dans nos sociétés, nos entreprises, et nos vies personnelles. Le monde a besoin de personnes capables de ressentir profondément, de comprendre, et de créer des ponts. Ce livre vous aidera à voir votre hypersensibilité non pas comme un fardeau, mais comme un don précieux à cultiver et à mettre au service de votre épanouissement personnel et de vos interactions avec les autres.

Dans un monde souvent dominé par la rapidité, l'efficacité et la rationalité, l'hypersensibilité peut sembler à première vue être une caractéristique déstabilisante, voire inadaptée. Pourtant, la véritable richesse des hypersensibles réside dans leur capacité à ressentir, à percevoir des dimensions que beaucoup d'autres négligent. Cette capacité à voir et à ressentir au-delà de l'évidence est un atout inestimable dans un monde où la compréhension de soi et des autres devient essentielle.

Les hypersensibles sont les pionniers d'une vision plus humaine et plus émotionnelle du monde. Dans un environnement de plus en plus globalisé et connecté, leur aptitude à naviguer dans des situations émotionnelles complexes, à prendre des décisions éclairées par leur intuition et à développer des liens profonds avec ceux qui les entourent, devient un bienfait pour la société dans son ensemble.

C'est donc avec cette conviction que nous abordons ce livre. En comprenant et en valorisant votre hypersensibilité, vous pourrez non seulement améliorer votre qualité de vie, mais aussi contribuer à une société plus empathique et plus connectée. Votre sensibilité est un don et, avec les bonnes clés, elle peut devenir un puissant moteur d'épanouissement personnel, de résilience et de créativité.

Ce livre est bien plus qu'un guide : il est une invitation à explorer, accepter et honorer votre hypersensibilité comme une véritable force. J'ai mis tout mon cœur dans ces pages pour vous offrir des outils concrets et inspirants, mais aussi pour créer un espace où vous pouvez vous reconnecter à votre essence profonde, à votre authenticité, et à la beauté unique de votre sensibilité.

Si ce livre vous a touché ou apporté du réconfort, votre retour serait une immense source de gratitude pour moi. En tant qu'autrice hypersensible, chaque partage, chaque témoignage nourrit ma passion et me donne de la force pour continuer à vous offrir le meilleur de ce que je peux.

Votre expérience est un maillon précieux de cette démarche collective, et ensemble, nous pouvons non seulement aider d'autres hypersensibles à se sentir soutenus et compris, mais aussi transformer notre sensibilité en un atout puissant, tant pour nous-mêmes que pour ceux qui nous entourent.

RELATIONS INTERPERSONNELLES :

COMPRENDRE
ET SE FAIRE COMPRENDRE

RELATIONS INTERPERSONNELLES

Comment expliquer mon hypersensibilité à mes proches sans craindre d'être jugé(e) ?

Expliquer son hypersensibilité à ses proches peut sembler une démarche délicate, mais elle est essentielle pour instaurer une communication claire, créer un environnement respectueux et, surtout, pour faire en sorte que vos besoins émotionnels soient compris et respectés. Le processus, bien que potentiellement intimidant, peut se révéler profondément libérateur et enrichissant, à condition de l'aborder avec clarté, douceur et assertivité.

Prendre conscience de sa propre hypersensibilité

Avant même d'aborder le sujet avec les autres, il est important d'avoir une compréhension approfondie de ce que l'hypersensibilité signifie pour vous. Chaque hypersensible est unique dans la manière dont il vit et exprime sa sensibilité. Prenez le temps de réfléchir à vos propres réactions, émotions et besoins. Cette introspection vous permettra non seulement d'être plus à l'aise avec votre hypersensibilité, mais aussi d'être plus précis dans l'explication que vous ferez à vos proches.

Lorsque vous savez exactement ce que vous ressentez, pourquoi vous le ressentez et quelles situations ou comportements déclenchent vos réactions émotionnelles, vous êtes mieux préparé à en parler de façon calme et posée. Il s'agit d'une première étape cruciale : l'auto-acceptation.

Choisir le bon moment et le bon cadre

Le timing est essentiel. Choisissez un moment calme, où vous et vos proches êtes disposés à discuter sereinement, sans distractions ni pressions extérieures. L'objectif est de favoriser un échange respectueux, sans interruption ni jugement immédiat. Evitez les moments de tension, de stress ou lorsque vous êtes déjà émotionnellement chargé(e). De même, choisissez un endroit où vous vous sentez à l'aise et en sécurité, afin de réduire au minimum les risques de malentendus.

Utiliser un langage simple et accessible

L'hypersensibilité n'est pas toujours bien comprise, surtout par ceux qui ne la vivent pas eux-mêmes. Pour éviter les malentendus, il est important d'expliquer ce que vous ressentez de manière simple, sans jargon ni termes trop complexes. Vous pouvez dire, par exemple : « Je ressens les émotions de manière plus intense que la plupart des gens, ce qui peut me rendre vulnérable dans certaines situations. »

Utiliser des métaphores ou des comparaisons peut également aider à faire passer votre message. Par exemple, vous pourriez dire : « Imaginez que vous avez une peau très fine qui capte chaque sensation, chaque émotion. Parfois, cela devient trop, même si rien de visible ne change autour de moi. »

L'objectif est de rendre l'hypersensibilité accessible à la personne en face de vous, en évitant de la rendre comme un fardeau ou un handicap. Il s'agit simplement d'une manière différente de percevoir le monde.

Clarifier ce que l'hypersensibilité implique au quotidien

Expliquer l'impact concret de votre hypersensibilité dans des situations quotidiennes est essentiel pour que vos proches puissent mieux comprendre ce que vous vivez. Par exemple, vous pouvez partager comment vous réagissez dans des environnements bruyants, comment certaines émotions peuvent vous submerger, ou encore comment vous avez besoin de moments de solitude pour récupérer après une journée de fortes stimulations.

Un exemple concret peut être : « Quand il y a beaucoup de bruit, ou quand plusieurs personnes parlent en même temps, cela me perturbe beaucoup. Cela peut me donner l'impression d'être englouti(e) par l'environnement, même si cela semble anodin pour d'autres. »

En expliquant vos besoins spécifiques (calme, solitude, temps pour digérer une conversation ou un événement), vous permettez à l'autre de mieux comprendre ce que vous traversez sans le juger ni le prendre personnellement.

Exprimer vos attentes de manière claire

Une fois que vous avez expliqué votre hypersensibilité, il est essentiel de préciser vos attentes. L'objectif est de donner des repères concrets à vos proches sur la façon dont ils peuvent vous soutenir. Par exemple, au lieu de simplement dire : « Je suis hypersensible », vous pouvez ajouter : « Lorsque je suis submergé(e) émotionnellement, j'apprécierais qu'on me donne un moment pour me calmer avant de poursuivre la conversation. »

Ces attentes doivent être réalistes et compréhensibles, pour que vos proches ne se sentent pas accablés par un poids qu'ils ne sauraient pas comment gérer. Demandez ce dont vous avez besoin, mais soyez ouvert(e) à la discussion et à la négociation. Une communication bilatérale permet de créer un terrain d'entente sans imposer de règles strictes.

Démystifier les mythes autour de l'hypersensibilité

Il est crucial de déconstruire les idées fausses qui entourent souvent l'hypersensibilité. Des termes comme « trop fragile », « exagéré(e) » ou « trop émotif(ve) » sont des stéréotypes à déconstruire avec douceur. Au lieu de prendre une posture défensive, adoptez une approche éducative : « L'hypersensibilité ne signifie pas que je suis faible ou incapable de gérer mes émotions, mais que je perçois et ressens les choses plus intensément, ce qui m'amène parfois à avoir besoin de plus de temps pour moi ou d'un environnement plus calme. »

Vous pouvez aussi partager des ressources, des articles ou des vidéos pour aider vos proches à mieux comprendre l'hypersensibilité. Plus ils en sauront, moins ils risqueront de juger ou de mal interpréter vos besoins.

Savoir gérer les réactions des autres

Il est possible que vos proches réagissent de manière sceptique ou qu'ils aient du mal à comprendre votre hypersensibilité au départ. Certains peuvent minimiser vos réactions, d'autres peuvent ne pas savoir comment vous soutenir. Dans ces cas, restez calme et soyez patient(e). Rappelez-vous que le changement de perception prend du temps. Continuez d'expliquer vos ressentis et de poser des limites claires et bienveillantes.
Si vous êtes confronté(e) à une réaction négative, il peut être utile de dire : « Je comprends que cela puisse être difficile à saisir, mais j'ai besoin que tu essaies de comprendre que ce n'est pas une question de choix, c'est une question de manière dont je ressens le monde. »

Cela permet de désamorcer une réaction émotionnelle et d'ouvrir un dialogue, sans que vous vous sentiez rejeté(e) ou incompris(e).

RELATIONS INTERPERSONNELLES

Faire preuve de bienveillance envers soi-même

Enfin, il est essentiel de vous accorder de la bienveillance. Expliquer votre hypersensibilité n'est pas une tâche facile, et il est normal de ressentir une certaine anxiété. Ne vous culpabilisez pas si vous avez du mal à exprimer vos besoins ou si vous rencontrez des obstacles dans cette démarche. Ce processus est une évolution, à la fois pour vous et pour vos proches.

Expliquer votre hypersensibilité à vos proches est une étape clé pour renforcer vos relations et améliorer votre bien-être. C'est un acte de courage et de clarté, qui peut permettre de renforcer les liens et de bâtir un environnement plus empathique et respectueux. Grâce à une approche calme, honnête et structurée, vous pouvez créer un dialogue ouvert, où vos besoins sont entendus et où vous pouvez vous sentir pleinement compris(e), sans crainte de jugement. Vous êtes à la fois un être sensible et fort, capable de naviguer dans le monde avec profondeur, et ce livre est conçu pour vous aider à exploiter cette richesse avec confiance.

Quels sont les meilleurs moyens de poser des limites claires avec les autres, même face à une mauvaise réaction ?

Poser des limites claires est une compétence essentielle pour préserver son bien-être, en particulier pour les hypersensibles qui ressentent intensément les émotions des autres. Cependant, ce n'est pas toujours facile, surtout face à des réactions négatives ou conflictuelles. La capacité à poser des limites de manière assertive, sans culpabilité et sans compromettre son propre équilibre, est un véritable art qui peut transformer la qualité de vos relations et la gestion de votre énergie émotionnelle.

Voici des stratégies éprouvées pour vous aider à poser des limites fermes, tout en restant respectueux envers les autres et vous-même.

Clarifier vos besoins avant de poser des limites

Avant d'exprimer vos limites, il est important d'être clair(e) avec vous-même sur ce dont vous avez réellement besoin. Prenez un moment pour réfléchir à ce qui vous semble essentiel pour préserver votre bien-être. Ces besoins peuvent être émotionnels, physiques, sociaux ou même intellectuels.

Demandez-vous :

- **Quelles situations m'épuisent ?**
- **Quels comportements des autres déclenchent une surcharge émotionnelle chez moi ?**
- **Qu'est-ce qui me semble acceptable et inacceptable dans mes relations ?**

Une fois que vous avez identifié vos besoins, vous êtes en meilleure position pour communiquer vos limites de manière claire et précise. Cela vous aide également à éviter les ambiguïtés qui pourraient être mal interprétées par les autres.

Exprimer vos limites de manière claire et assertive

Lorsque vous posez des limites, il est essentiel de le faire de manière

RELATIONS INTERPERSONNELLES

directe, tout en restant calme et respectueux. Une communication claire permet à l'autre personne de comprendre vos besoins sans équivoque. L'assertivité n'est pas une question de dureté, mais de respect : respect de vous-même et respect de l'autre.

Exemple de phrases assertives :

- "J'ai besoin d'un moment de calme après cette réunion, c'est essentiel pour me ressourcer."
- "Je comprends que tu souhaites discuter, mais je suis trop fatigué(e) pour le faire maintenant. Peux-tu m'accorder un peu de temps ?"
- "Quand j'entends ce type de commentaire, cela me met mal à l'aise. Je te demande de ne pas parler de moi de cette façon."
- "Je préfère qu'on en parle plus tard, quand je serai plus disponible."

L'essentiel ici est d'être précis(e) et concis(e), sans avoir à justifier votre décision. Plus vous êtes clair(e), plus l'autre personne saura où vous en êtes et pourra ajuster son comportement en conséquence.

Anticiper les réactions possibles et y répondre calmement

Poser des limites peut parfois entraîner des réactions émotionnelles fortes, surtout si la personne à qui vous vous adressez n'est pas habituée à votre nouvel élan de fermeté. Les personnes ayant du mal à accepter les limites peuvent réagir par la colère, la culpabilisation, l'incompréhension, voire la manipulation. Face à ces réactions, il est important de rester calme et de ne pas entrer dans une dynamique de conflit ou de négociation excessive.

Préparez-vous mentalement à ces réactions potentielles et rappelez-vous que les limites sont pour votre propre bien-être. Vous pouvez répondre avec calme et fermeté, en répétant vos besoins ou en vous éloignant de la situation si nécessaire.

Exemple :

- "Je comprends que cela puisse te déranger, mais ce que je ressens est important pour moi. Je te demande simplement de respecter cela."
- "Je vois que cette situation est frustrante pour toi, mais j'ai besoin de m'éloigner pour le moment."

Il est essentiel de comprendre que les autres peuvent être confrontés à un changement dans votre comportement. Leur réaction n'est pas toujours une attaque personnelle, mais plutôt une réponse à une situation nouvelle. Restez centré(e) sur vous-même et vos besoins.

Prendre la responsabilité de vos émotions sans culpabiliser

Lorsque vous posez des limites, il est fréquent de ressentir une certaine culpabilité, surtout si la personne en face semble déçue ou contrariée. Cependant, il est crucial de comprendre que vos limites sont légitimes et que vous avez le droit de vous protéger émotionnellement. Acceptez que vous ne puissiez pas plaire à tout le monde et que votre bien-être prime sur le désir d'éviter les conflits.

Dites-vous que vous avez le droit de prendre soin de vous, même si cela signifie parfois décevoir ou frustrer les autres. Vous n'êtes pas responsable des émotions des autres, mais seulement de la manière dont vous choisissez de réagir à leurs comportements.

RELATIONS INTERPERSONNELLES

Un exemple de phrase pourrait être : "Je comprends que cela puisse être difficile à accepter, mais je dois être fidèle à ce que je ressens. Cela ne veut pas dire que je ne tiens pas à toi."

Répéter calmement et avec cohérence si nécessaire

Il peut arriver que votre limite ne soit pas immédiatement respectée ou comprise. Dans ce cas, il est important de répéter fermement votre demande sans céder à la pression. Parfois, les autres peuvent tester vos limites, consciemment ou non, pour voir si vous tiendrez bon.

N'ayez pas peur de répéter vos attentes si nécessaire. Vous pouvez reformuler votre position avec calme et fermeté, en renforçant l'importance de votre besoin. Plus vous serez cohérent(e) et consistant(e), plus vos limites deviendront claires et respectées.

Exemple : "Comme je te l'ai mentionné précédemment, j'ai besoin de temps seul(e) après cette rencontre. Cela me permet de mieux gérer mes émotions."

Utiliser la méthode du "non" ferme et bienveillant

Apprendre à dire "non" est l'une des compétences les plus importantes pour poser des limites saines. Un "non" ferme et bienveillant montre que vous êtes à la fois respectueux de l'autre et fidèle à vous-même.

Il est important de ne pas justifier excessivement votre refus, car cela peut donner l'impression que vous vous sentez coupable. Un "non" court, mais clair, est tout aussi efficace.

Exemple de "non" ferme :
- "Non, je ne peux pas accepter cette demande."
- "Je ne suis pas d'accord pour cela, car cela ne correspond pas à mes besoins."
- "Non, ce n'est pas quelque chose que je peux faire en ce moment."

Rappelez-vous que dire "non" ne fait pas de vous une personne égoïste ou insensible ; au contraire, cela montre que vous avez du respect pour vous-même et pour les autres, en établissant des limites saines et respectueuses.

Faire preuve d'empathie tout en restant ferme

Poser des limites ne signifie pas rejeter l'autre, mais plutôt protéger votre propre bien-être tout en maintenant des relations équilibrées. Il est donc utile de faire preuve d'empathie tout en affirmant vos besoins. Cela permet de minimiser la perception de rejet et d'ouvrir la voie à des échanges respectueux.

Exemple :
- "Je comprends que tu puisses être déçu(e) par ma décision, et je suis désolé(e) si cela te fait mal. Mais j'ai besoin de respecter ce qui est bon pour moi dans cette situation."
- "Je comprends que ma réponse puisse te décevoir, et je suis désolé(e) pour cela. Mais je dois m'écouter et respecter ce qui est bon pour moi."

Cela montre que vous êtes attentif(ve) aux sentiments de l'autre, tout en restant fidèle à vos besoins. L'empathie permet d'apaiser la situation, même en cas de divergence.

RELATIONS INTERPERSONNELLES

Poser des limites claires, même face à une mauvaise réaction, est un acte de bienveillance envers soi-même et les autres. Cela permet de préserver son énergie, de réduire les tensions et de maintenir des relations saines. En étant clair(e), cohérent(e) et respectueux(se), vous pouvez instaurer des frontières émotionnelles solides qui favorisent votre épanouissement personnel sans nuire à vos relations.

Comment gérer les conflits et les malentendus sans laisser ma sensibilité amplifier la situation ?

Les hypersensibles sont particulièrement susceptibles de ressentir intensément les émotions, ce qui peut rendre les conflits et les malentendus encore plus difficiles à gérer. Que ce soit au travail, en famille ou avec des amis, un simple malentendu peut déclencher une cascade d'émotions fortes qui risquent d'aggraver la situation. Pourtant, la capacité à gérer ces moments de tension de manière calme et posée est cruciale pour maintenir des relations harmonieuses et préserver son bien-être.

Voici des stratégies efficaces pour gérer les conflits et les malentendus de manière constructive, sans laisser votre sensibilité prendre le dessus et amplifier le problème.

Reconnaître vos émotions avant de réagir

Avant de répondre à un conflit ou un malentendu, il est essentiel de prendre un moment pour reconnaître et comprendre ce que vous ressentez. L'hypersensibilité fait que vous pouvez facilement être submergé(e) par vos émotions, ce qui peut vous amener à réagir de manière excessive ou impulsive.

RELATIONS INTERPERSONNELLES

Pour éviter cela, pratiquez l'auto-observation :

- Que ressentez-vous exactement ? Est-ce de la frustration, de la colère, de la tristesse, ou une combinaison de ces émotions ?
- Pourquoi cette situation vous affecte-t-elle autant ? Est-ce la situation en elle-même, ou un déclencheur émotionnel lié à une expérience passée ?

En prenant une pause pour reconnaître et nommer vos émotions, vous évitez de réagir sur un coup de tête. Cette prise de recul vous permet de mieux comprendre votre ressenti et de répondre de manière plus mesurée et réfléchie.

Adopter une respiration calme et contrôlée

L'une des réponses instinctives face au stress est de retenir sa respiration ou de respirer plus rapidement, ce qui peut aggraver l'anxiété et l'intensité de vos émotions. Pour éviter que votre sensibilité ne prenne le dessus, il est utile de pratiquer des techniques de respiration pour vous ancrer dans le moment présent et calmer votre corps.

Essayez la respiration abdominale ou la technique du compte de 4-7-8 (inspirez pendant 4 secondes, retenez pendant 7 secondes, puis expirez lentement pendant 8 secondes). Ces exercices permettent de réguler le système nerveux, de diminuer la réactivité émotionnelle et de vous donner un moment pour réfléchir avant d'intervenir.

Prendre un peu de distance avant de réagir

L'impulsivité peut être un piège, surtout pour les hypersensibles, car vos émotions peuvent prendre le dessus sur votre raisonnement. Si vous sentez que vous êtes sur le point de réagir fortement, il peut être utile de demander un moment pour prendre du recul. Cela vous permet de tempérer vos émotions et d'éviter une escalade inutile.

Vous pouvez dire quelque chose comme :

- "Je sens que je suis trop ému(e) pour discuter de cela calmement. Je préfère prendre un peu de temps pour y réfléchir et on en parle dans un moment."

En prenant un moment de pause, vous vous donnez la chance de revenir à la situation avec plus de clarté et de sérénité.

Exprimer vos émotions de manière assertive et non accusatrice

Il est important de partager vos émotions sans accuser l'autre personne ou de tomber dans le piège de la victimisation. L'approche "je ressens" permet de communiquer votre ressenti sans mettre l'autre sur la défensive, ce qui est crucial dans la gestion des conflits.

Plutôt que de dire :
- "Tu m'as blessé(e) en me parlant comme ça !",

- Dites plutôt :
- "Quand cela a été dit, je me suis senti(e) blessé(e) parce que cela m'a rappelé une situation difficile pour moi."

Cela permet de créer un espace de dialogue plus ouvert, sans provoquer la culpabilisation ou la réaction défensive de l'autre. Vous exprimez vos émotions tout en prenant la responsabilité de votre ressenti, ce qui facilite l'écoute et la compréhension mutuelle.

Écouter activement pour comprendre l'autre point de vue

Les conflits peuvent souvent résulter d'une mauvaise communication ou de malentendus. En tant qu'hypersensible, il est crucial de ne pas laisser vos émotions interférer avec votre capacité d'écoute. Une écoute active permet de clarifier les intentions de l'autre et de désamorcer les tensions avant qu'elles n'escaladent.

Pratiquez l'écoute active en :

- Reformulant ce que l'autre a dit pour vous assurer que vous avez bien compris : "Si je comprends bien, tu te sens frustré(e) à cause de..."
- Posant des questions ouvertes pour mieux comprendre le point de vue de l'autre : "Peux-tu m'expliquer ce qui te dérange exactement ?"
- Evitant d'interrompre ou de répondre immédiatement, mais en donnant de l'espace à l'autre pour s'exprimer pleinement.

Cela vous permet non seulement d'éviter de projeter vos émotions sur l'autre, mais aussi de mieux comprendre les besoins ou les préoccupations sous-jacentes à l'autre partie. La recherche d'une solution commune devient alors plus facile.

Rester concentré sur le problème, pas sur la personne

Dans les conflits, il est facile de dévier en attaquant la personne plutôt que le problème. Pour ne pas laisser votre sensibilité amplifier la situation,

RELATIONS INTERPERSONNELLES

concentrez-vous sur la problématique elle-même et non sur les défauts ou les erreurs de l'autre.

Au lieu de dire : "Tu es toujours en train de me critiquer !"

Dites : "Je me sens mal à l'aise quand je reçois des critiques constantes sur mes choix. J'aimerais mieux comprendre tes attentes."

Cela permet de garder le dialogue centré sur les solutions et non sur des attaques personnelles, ce qui réduit la possibilité d'une escalade émotionnelle.

Chercher des solutions constructives

Une fois que vous avez pris le temps de comprendre vos émotions et celles de l'autre, il est essentiel de se concentrer sur la recherche de solutions. Un conflit est souvent l'occasion de renforcer une relation en trouvant des compromis qui respectent les besoins de chacun.

Proposez des solutions claires et spécifiques :

- "Peut-être qu'on pourrait organiser des moments où l'on parle de ces sujets avant que cela ne devienne un problème."
- "Je pourrais t'appeler avant d'arriver, pour éviter les malentendus."
- "Et si nous fixions ensemble des limites claires pour que ce genre de situation ne se reproduise pas ?"

Cela montre que vous êtes prêt(e) à coopérer, à trouver des solutions pratiques et à éviter que le problème ne se reproduise.

RELATIONS INTERPERSONNELLES

Accepter les imperfections de la communication

Même avec les meilleures intentions, il est impossible de contrôler entièrement l'issue de chaque conflit. Parfois, des malentendus persisteront, et ce n'est pas forcément votre faute. Apprenez à accepter que la communication est imparfaite et que la résolution d'un conflit peut nécessiter plusieurs échanges. Ce n'est pas un échec, mais un processus d'apprentissage mutuel.

Gérer les conflits et les malentendus sans laisser votre sensibilité amplifier la situation est un défi, mais c'est une compétence précieuse pour préserver votre bien-être émotionnel et maintenir des relations saines. En étant conscient de vos émotions, en adoptant une posture calme et empathique, et en cherchant des solutions pratiques, vous pouvez transformer les situations conflictuelles en occasions d'apprentissage et de renforcement de vos relations.

Comment naviguer dans une relation amoureuse avec un(e) partenaire qui ne partage pas ma sensibilité ?

Les relations amoureuses sont un terrain fertile pour la croissance personnelle et la complicité, mais elles peuvent également présenter des défis, surtout lorsque les partenaires ont des sensibilités émotionnelles différentes. Si vous êtes hypersensible et que votre partenaire ne partage pas cette même sensibilité, la gestion de votre relation peut sembler plus complexe. La clé est de comprendre les dynamiques uniques de votre relation et de trouver des moyens de créer un espace de communication et de respect mutuel, tout en préservant votre bien-être émotionnel.

RELATIONS INTERPERSONNELLES

Voici des stratégies concrètes pour naviguer avec succès dans une relation amoureuse avec un partenaire moins sensible, tout en valorisant votre hypersensibilité.

Accepter les différences sans jugement

La première étape cruciale est d'accepter que votre hypersensibilité n'est ni meilleure ni pire que l'absence de cette même sensibilité chez votre partenaire. Votre partenaire peut ne pas comprendre à quel point certaines situations vous affectent, mais cela ne signifie pas qu'il ou elle ne vous aime ou ne respecte pas vos émotions. Les différences de sensibilité font partie de la diversité humaine et doivent être vues comme une opportunité d'apprendre et de grandir ensemble.

Plutôt que de ressentir de la frustration ou de l'incompréhension face à des réactions plus froides ou rationnelles de la part de votre partenaire, essayez de comprendre d'où cela vient. Peut-être qu'il ou elle a appris à gérer ses émotions différemment, ou tout simplement que son tempérament fait qu'il ou elle perçoit les situations de manière plus détachée.

Exprimer vos besoins émotionnels clairement

La communication est essentielle dans toutes les relations, mais elle prend une importance particulière lorsqu'il y a des différences de sensibilité émotionnelle. Étant hypersensible, vous ressentez profondément les émotions et avez des besoins spécifiques en termes de soutien, d'empathie et d'attention. Il est crucial d'exprimer ces besoins de manière claire et non accusatrice.

Plutôt que de supposer que votre partenaire saura ce dont vous avez

RELATIONS INTERPERSONNELLES

besoin ou de vous attendre à ce qu'il ou elle comprenne instinctivement vos émotions, soyez explicite :

- "Quand je me sens submergé(e) émotionnellement, j'ai besoin que tu sois calme et présent(e) avec moi, même si tu n'es pas aussi affecté(e) par la situation."
- "J'ai parfois besoin de parler de ce que je ressens, même si ça peut paraître trivial pour toi. Cela m'aide à me sentir entendu(e)."
- "Quand je suis stressé(e), j'ai besoin de moments de silence pour me recentrer avant de pouvoir discuter de ce qui ne va pas."

L'important est de formuler vos besoins sans reproche, en expliquant l'impact que ces besoins ont sur votre bien-être, et non pas en exigeant des comportements spécifiques. Vous devez aussi être prêt à écouter ce que votre partenaire a besoin de son côté.

Trouver des compromis respectueux

Une relation épanouie repose sur des compromis. Si vous êtes hypersensible et que votre partenaire ne l'est pas, il se peut que certaines de vos attentes ne soient pas facilement satisfaites. Toutefois, cela ne signifie pas que vous devez ignorer vos besoins, mais plutôt chercher des moyens de les satisfaire d'une manière qui convienne à vous deux.

Par exemple :

- Si vous avez besoin de calme après une journée chargée et que votre partenaire a tendance à vouloir parler de tout immédiatement, un compromis pourrait être de définir des moments spécifiques pour la discussion, et d'autres pour vous ressourcer seul(e).

- Si votre partenaire est moins expressif(ve) émotionnellement, il ou elle peut avoir besoin de temps pour comprendre et traiter ce que vous ressentez. Parfois, un accord pourrait être de demander une certaine distance avant de discuter de sujets émotionnellement chargés.

Le compromis ne signifie pas que vous devez toujours "faire des concessions" sur vos besoins, mais plutôt que vous et votre partenaire travaillez ensemble pour trouver des solutions respectueuses de chacun.

Apprendre à ne pas prendre les différences personnellement

Les différences de sensibilité peuvent créer des malentendus, où vous pourriez vous sentir incompris(e) ou dévalorisé(e) si votre partenaire ne réagit pas de la manière que vous attendez. Il est essentiel d'apprendre à ne pas prendre les réactions de votre partenaire comme des attaques personnelles ou des signes de manque d'amour.

Si votre partenaire reste calme dans une situation émotionnellement chargée alors que vous ressentez le besoin d'exprimer vos émotions, cela ne signifie pas qu'il ou elle ne vous soutient pas. Les personnes moins sensibles ne réagissent souvent pas de manière excessive, non pas par manque d'empathie, mais simplement parce qu'elles traitent différemment les stimuli émotionnels. Distinguer ces différences de réaction permet de créer une relation plus sereine.

Gérer les malentendus avec patience et bienveillance

Dans une relation entre une personne hypersensible et une autre moins sensible, les malentendus sont inévitables. Vous pourriez vous sentir blessé(e) par des commentaires ou des gestes que votre partenaire ne perçoit même pas comme négatifs. De même, votre partenaire pourrait se sentir dépassé(e) par vos émotions, qu'il ou elle pourrait ne pas comprendre immédiatement.

Là encore, la clé est la patience et la bienveillance. Au lieu de réagir impulsivement ou de faire des reproches, expliquez calmement ce que vous ressentez et pourquoi vous avez réagi de telle ou telle manière. Par exemple :

- "Je sais que tu ne voulais pas me blesser, mais lorsque cela a été dit, j'ai ressenti cela de façon très forte. Je comprends que ce n'était pas ton intention."
- "Parfois, j'ai besoin de plus d'attention ou de réconfort après un moment difficile. Cela me permet de me sentir soutenu(e)."

Ces moments d'explication, plutôt que d'être source de conflit, peuvent renforcer la compréhension et l'intimité dans la relation.

Utiliser les différences comme une opportunité d'enrichissement mutuel

Les différences de sensibilité dans une relation ne doivent pas être vues comme un obstacle, mais comme une occasion de grandir ensemble. Une personne moins sensible peut apporter un point de vue plus rationnel ou détaché, ce qui peut vous aider à prendre du recul dans certaines situations émotionnellement intenses. De votre côté, votre hypersensibilité peut enrichir la relation en apportant une profondeur émotionnelle, une capacité à comprendre et à ressentir les choses de manière plus fine.

RELATIONS INTERPERSONNELLES

Cette complémentarité peut être un atout majeur si les deux partenaires sont ouverts à l'idée de s'enrichir mutuellement. Ensemble, vous pouvez apprendre à équilibrer émotion et raison, à trouver des solutions pratiques pour gérer vos émotions, et à respecter les besoins de chacun.

Naviguer dans une relation amoureuse avec un partenaire qui ne partage pas votre sensibilité peut être un défi, mais c'est aussi une opportunité de renforcer votre connexion. En acceptant vos différences, en communiquant clairement vos besoins et en faisant preuve de patience et de bienveillance, vous pouvez construire une relation plus forte et plus épanouissante. Votre hypersensibilité peut être un atout dans votre vie amoureuse, et avec la bonne attitude et les bonnes stratégies, elle peut coexister harmonieusement avec la sensibilité différente de votre partenaire.

Rappelez-vous que chaque relation, même lorsqu'elle semble complexe, se construit sur le respect, l'écoute et la volonté sincère de grandir ensemble. En valorisant vos émotions et celles de votre partenaire, vous ouvrez un espace où l'amour peut véritablement s'épanouir. Avec du temps, des efforts partagés et une communication empreinte de douceur, vous pouvez transformer chaque défi en une opportunité de renforcer votre complicité et de nourrir votre connexion. L'harmonie n'est pas un rêve lointain, elle est à portée de main, et elle commence dès que vous choisissez de la cultiver, ensemble.

Chaque petit geste, chaque conversation sincère, chaque moment de compréhension renforce ce lien unique. Ensemble, vous avez le pouvoir de créer une relation où la sensibilité de chacun est accueillie, respectée et valorisée.

GESTION DES ÉMOTIONS ET DE L'ÉNERGIE :

PRÉSERVER SON ÉQUILIBRE

Comment reconnaître les signes de surcharge émotionnelle et y remédier rapidement ?

L'hypersensibilité, bien que précieuse, peut rendre particulièrement difficile la gestion des émotions dans un monde souvent perçu comme bruyant, rapide, et impitoyable. Un hypersensible peut facilement se retrouver submergé par une surcharge émotionnelle qui, si elle n'est pas gérée, peut entraîner de l'épuisement mental, de l'anxiété ou même de la dépression. Reconnaître les signes avant-coureurs de cette surcharge est crucial pour prendre des mesures correctives avant qu'il ne soit trop tard. Savoir comment réagir rapidement peut faire toute la différence dans la préservation de votre équilibre émotionnel.

Reconnaître les signes physiques et mentaux d'une surcharge émotionnelle

Les signes de surcharge émotionnelle ne se manifestent pas toujours de manière évidente. Parfois, ils apparaissent sous forme de symptômes physiques, parfois sous forme de changements dans votre état mental et émotionnel. En tant qu'hypersensible, il est important d'être particulièrement attentif à ces signaux afin de pouvoir réagir rapidement.

Signes physiques :

- Fatigue accrue : Une sensation constante de fatigue, même après une bonne nuit de sommeil, peut être un signe de surcharge émotionnelle. Cela est dû à l'intensité avec laquelle vous ressentez les émotions et à l'énergie que vous investissez dans la gestion de ces émotions.

GESTION DES ÉMOTIONS ET DE L'ÉNERGIE

- Tension musculaire : Vous pouvez commencer à ressentir des douleurs corporelles ou des tensions, surtout dans la nuque, les épaules et le dos, ce qui indique que votre corps est sous stress émotionnel.

- Troubles du sommeil : L'incapacité à trouver le sommeil ou des réveils fréquents durant la nuit peuvent résulter de pensées et de sentiments non résolus qui affectent votre repos.

Signes mentaux et émotionnels :

- Pensées en boucle : Si vous avez du mal à vous concentrer, ou si vos pensées tournent en boucle, cela peut être un signe que vous êtes submergé par des émotions non traitées.

- Anxiété ou irritabilité : Vous vous sentez constamment sur le fil du rasoir, réagissant avec une irritabilité excessive à des situations qui normalement ne vous affecteraient pas autant ?

- Sentiment de déconnexion : Vous vous sentez déconnecté des autres, ou vous avez l'impression que vos émotions sont comme "bloquées", cela peut indiquer que vous êtes en train d'accumuler des émotions qui n'ont pas été traitées.

Adopter des stratégies préventives pour éviter la surcharge

La meilleure approche face à la surcharge émotionnelle est la prévention. Intégrer des habitudes qui favorisent la gestion émotionnelle au quotidien vous permettra de maintenir votre équilibre avant qu'une surcharge ne survienne. Voici des stratégies pratiques pour réduire les risques de

GESTION DES ÉMOTIONS ET DE L'ÉNERGIE

surcharge émotionnelle avant qu'ils ne deviennent accablants.

Prendre des pauses régulières : Prenez des moments de pause dans votre journée, même de courte durée, pour vous recentrer. Une pause de cinq à dix minutes pour respirer profondément, méditer ou vous éloigner de la source de stress peut être un excellent moyen de garder votre calme.

- Exercice physique quotidien : L'exercice physique libère des endorphines, des hormones qui réduisent le stress et améliorent votre humeur. La pratique régulière d'un sport ou même d'une marche quotidienne peut vous aider à évacuer l'énergie émotionnelle accumulée.

- Pratiquer la pleine conscience (mindfulness) : La pleine conscience vous permet de rester ancré dans le moment présent, évitant que vos pensées ne vous emportent vers des préoccupations passées ou futures. Des exercices de respiration ou des méditations de pleine conscience peuvent vous ancrer et vous aider à gérer les émotions au fur et à mesure qu'elles surviennent.

Identifier des moments spécifiques de surcharge émotionnelle

Certains contextes ou situations peuvent intensifier les émotions, et il est crucial de pouvoir les identifier rapidement pour pouvoir vous en protéger. Comprendre quels sont vos "triggers" (déclencheurs) émotionnels vous permet de mieux anticiper et gérer la surcharge.

Exemples de déclencheurs courants :

GESTION DES ÉMOTIONS ET DE L'ÉNERGIE

- Les interactions sociales intenses ou longues : Les personnes hypersensibles peuvent se sentir rapidement submergées dans des environnements bruyants, chaotiques ou pleins d'émotions intenses, comme lors de réunions familiales, de grandes fêtes ou de discussions conflictuelles.

- Les conflits non résolus : Si vous avez des tensions avec une personne proche, cela peut contribuer à une accumulation émotionnelle qui vous rend vulnérable à une surcharge.

- Le stress lié au travail : Une charge de travail excessive, des délais serrés ou des interactions difficiles avec des collègues peuvent déclencher une réponse émotionnelle exacerbée.

Mise en place de stratégies d'auto-apaisement en cas de surcharge

Lorsque la surcharge émotionnelle se manifeste malgré vos efforts préventifs, il est impératif d'agir rapidement pour ne pas laisser cette tension se transformer en épuisement mental ou émotionnel. Avoir à disposition des techniques d'auto-apaisement efficaces permet de reprendre le contrôle.

Voici quelques méthodes qui peuvent vous aider à rétablir l'équilibre émotionnel rapidement :

Respiration profonde et contrôlée : La respiration abdominale, ou la respiration 4-7-8, est une méthode efficace pour activer le système nerveux parasympathique, responsable de la relaxation. Inspirez par le nez pendant 4 secondes, retenez votre souffle pendant 7 secondes, puis expirez lentement par la bouche pendant 8 secondes. Répétez plusieurs fois pour apaiser votre esprit et votre corps.

Ancrage corporel : Si vous vous sentez dépassé, utilisez l'ancrage corporel pour vous reconnecter au moment présent. Cela peut être aussi simple que de toucher un objet avec attention, sentir vos pieds bien ancrés au sol, ou faire un rapide balayage corporel en prenant conscience de chaque zone de tension dans votre corps.

Pratique de la gratitude : Même en pleine surcharge émotionnelle, prendre quelques minutes pour noter trois choses pour lesquelles vous êtes reconnaissant(e) peut aider à réorienter votre attention et à réduire l'intensité de vos émotions négatives.

Trouver un espace calme : Si possible, éloignez-vous de l'environnement qui génère cette surcharge. Prenez une pause, trouvez un lieu calme et respirez profondément, permettant à vos émotions de se calmer avant de retourner à la situation.

Accepter qu'il est normal d'avoir des hauts et des bas

Il est important de se rappeler que l'hypersensibilité ne doit pas être perçue comme une faiblesse ou un fardeau. Il est tout à fait normal, même pour une personne hypersensible, de ressentir des émotions intenses à certains moments. Ces émotions ne sont pas là pour vous empêcher de vivre une vie pleine et épanouie, elles font partie de votre manière unique de percevoir le monde.

Accepter que la surcharge émotionnelle peut faire partie de votre expérience humaine vous permet de l'appréhender avec bienveillance.

GESTION DES ÉMOTIONS ET DE L'ÉNERGIE

Vous n'êtes pas obligé de toujours être en contrôle total de vos émotions ; parfois, accepter de les ressentir pleinement est une étape essentielle de votre guérison et de votre croissance personnelle.

Reconnaître et gérer la surcharge émotionnelle

La surcharge émotionnelle survient quand les émotions s'accumulent plus vite que notre capacité à les traiter. En tant qu'hypersensible, il est crucial de repérer les signes avant-coureurs, comme l'agitation intérieure, la fatigue intense, ou les tensions physiques.

Les étapes clés pour y remédier :

Identifiez les signes précoces :
fatigue, stress, irritabilité, tensions physiques.

↓

Appliquez des stratégies d'auto-apaisement :
respiration, pause, moments de calme.

↓

Prévenez la surcharge :
anticipez les situations stressantes et définissez des limites.

Astuce : Soyez bienveillant envers vous-même, comme si vous réconfortiez un ami. Chaque petite étape vous aide à retrouver votre équilibre.

GESTION DES ÉMOTIONS ET DE L'ÉNERGIE

Quels outils pratiques pour éviter d'absorber les émotions négatives des autres tout en restant empathique ?

L'une des grandes forces des personnes hypersensibles est leur capacité à être profondément empathiques. Elles peuvent percevoir et comprendre les émotions des autres avec une intensité et une précision remarquables. Cependant, cette sensibilité accrue peut également les rendre vulnérables aux émotions négatives des autres, à tel point qu'elles peuvent en absorber la charge émotionnelle et se retrouver épuisées ou déstabilisées. Apprendre à poser des frontières émotionnelles tout en maintenant une empathie sincère est un défi pour beaucoup d'hypersensibles. L'objectif est de pouvoir préserver votre énergie sans perdre votre capacité à comprendre et soutenir ceux qui vous entourent.

Comprendre la différence entre empathie et absorption émotionnelle

Le premier pas pour éviter d'absorber les émotions négatives des autres est de comprendre la différence essentielle entre empathie et absorption émotionnelle. L'empathie vous permet de comprendre et de ressentir ce que l'autre traverse, tandis que l'absorption émotionnelle vous conduit à vivre les émotions des autres comme si elles étaient les vôtres, ce qui peut devenir accablant.

Il est important de reconnaître que ressentir l'émotion d'un autre ne signifie pas que vous devez la faire vôtre. En d'autres termes, vous pouvez être présent pour quelqu'un sans vous laisser envahir par sa douleur ou son stress. En apprenant à dissocier les émotions de l'autre de vos propres ressentis, vous renforcez votre capacité à offrir du soutien sans vous laisser submerger, créant ainsi un espace émotionnel plus équilibré et sain pour vous-même et pour ceux que vous aidez.

GESTION DES ÉMOTIONS ET DE L'ÉNERGIE

Développer une conscience de soi pour détecter l'influence des autres

La clé pour ne pas absorber les émotions négatives des autres réside dans une conscience accrue de votre propre état émotionnel. Il est essentiel de vous entraîner à faire la différence entre vos émotions et celles des autres. Pour ce faire, vous pouvez utiliser certaines techniques de prise de conscience corporelle qui vous aideront à distinguer ce qui vous appartient émotionnellement et ce qui ne vous appartient pas.

- **La technique du "check-in" émotionnel :** Chaque fois que vous vous trouvez en présence de quelqu'un qui manifeste des émotions fortes, prenez un moment pour faire un "check-in" avec vous-même. Prenez une respiration profonde, fermez les yeux un instant, et demandez-vous : "Qu'est-ce que je ressens actuellement ? Est-ce mon émotion ou celle de l'autre ?" Ce simple geste vous permet de prendre du recul et de comprendre où se situe l'origine de l'émotion que vous ressentez.

- **Observer votre corps :** Les émotions sont souvent ressenties physiquement dans le corps. Un malaise dans l'estomac, une tension dans les épaules ou une accélération du rythme cardiaque peuvent être des signes d'absorption émotionnelle. Lorsque vous remarquez ces signes, arrêtez-vous et réévaluez la situation pour discerner si vous absorbez les émotions de quelqu'un d'autre.

Mettre en place des barrières énergétiques

L'une des stratégies les plus efficaces pour éviter d'absorber les émotions des autres est d'établir des "barrières énergétiques" invisibles mais puissantes. Ces barrières, basées sur des techniques mentales et spirituelles, agissent comme une protection contre les énergies émotionnelles indésirables tout en permettant de conserver votre ouverture empathique.

- **Visualisation d'une bulle protectrice :** Une technique simple et puissante consiste à visualiser une bulle de lumière protectrice qui vous entoure. Cette lumière, qui peut être d'une couleur qui vous rassure, crée une sorte de bouclier énergétique entre vous et la personne avec qui vous interagissez. Vous pouvez imaginer que toute émotion négative qui vous est envoyée est repoussée par cette bulle et ne pénètre pas votre espace personnel.

- **Ancrage au sol :** L'ancrage est une technique qui consiste à visualiser vos pieds profondément enracinés dans le sol, comme des racines d'arbre. Cette image crée un lien direct avec la terre et vous aide à rester centré, vous permettant de ne pas être emporté par les émotions extérieures. Lorsque vous êtes ancré, vous pouvez mieux observer les émotions des autres sans vous laisser affecter par elles.

Utiliser des "points de départ" pour séparer vos émotions de celles des autres

Les "points de départ" sont des rappels mentaux ou physiques qui vous aident à vous dissocier des émotions des autres sans perdre votre capacité à les comprendre. Ces techniques permettent de maintenir votre clarté intérieure et de préserver votre énergie.

- **Répéter une phrase ancrée :** Par exemple, vous pourriez vous répéter silencieusement la phrase suivante : "Les émotions des autres

GESTION DES ÉMOTIONS ET DE L'ÉNERGIE

sont leurs émotions, pas les miennes." Cette phrase vous rappelle constamment que ce que l'autre ressent ne doit pas devenir votre fardeau.

- Faire une pause consciente : Lorsque vous vous trouvez dans une situation émotionnellement chargée, prenez une petite pause pour respirer profondément, vous recentrer et vous rappeler que vous avez le droit de ne pas absorber la douleur ou la frustration de l'autre.

Apprendre à poser des limites émotionnelles sans culpabilité

Les limites émotionnelles sont essentielles pour se protéger de l'absorption des émotions négatives des autres. Cependant, il peut être difficile de poser des limites sans ressentir de culpabilité, en particulier pour un hypersensible qui désire aider les autres tout en restant connecté. Apprendre à poser des limites avec bienveillance et fermeté est un acte de respect envers vous-même.

- **Dire "non" avec compassion** : Il est parfois nécessaire de prendre de la distance, de dire non ou de vous retirer d'une situation émotionnellement lourde. Ce n'est pas un acte de rejet, mais une façon de préserver votre bien-être. Vous pouvez le faire de manière douce mais ferme, par exemple en disant : "Je comprends que tu sois en colère ou triste, et je suis là pour toi, mais je ressens que je ne peux pas gérer cette émotion pour le moment. J'ai besoin de prendre du recul pour préserver mon énergie."

- **Limiter l'exposition à des sources de toxicité émotionnelle** : Parfois, certaines relations ou certains environnements sont

GESTION DES ÉMOTIONS ET DE L'ÉNERGIE

excessivement chargés d'émotions négatives. Dans ces cas, il peut être nécessaire de limiter le temps passé avec ces personnes ou d'ajuster la fréquence de vos interactions. Vous avez le droit de vous protéger.

Pratiquer l'auto-compassion et le soin de soi

Enfin, la clé pour ne pas absorber les émotions des autres réside dans le soin que vous apportez à vous-même. Lorsque vous vous sentez fort et équilibré émotionnellement, vous êtes mieux armé pour accueillir les émotions des autres sans en être submergé.

- Prendre soin de votre bien-être mental et physique : Assurez-vous de prendre du temps pour vous ressourcer, de manière à garder votre énergie positive. Cela peut inclure des pratiques comme la méditation, le yoga, des bains relaxants, ou toute autre activité qui vous permet de vous détendre et de vous recentrer.

- Rechercher des moments de solitude : Lorsque vous êtes entouré par des émotions intenses, il est essentiel de trouver des moments de solitude pour récupérer. Ces moments vous permettent de décompresser et de retrouver votre équilibre intérieur.

Éviter d'absorber les émotions négatives des autres tout en restant empathique est un équilibre subtil que les hypersensibles peuvent apprendre à maîtriser. Grâce à des techniques simples mais efficaces, comme la création de barrières énergétiques, l'utilisation de rappels mentaux et la pratique de l'auto-compassion, vous pouvez préserver votre bien-être tout en offrant une écoute authentique et compatissante aux autres. Apprendre à poser des limites et à protéger votre énergie est

GESTION DES ÉMOTIONS ET DE L'ÉNERGIE

essentiel pour maintenir votre équilibre émotionnel et, en fin de compte, votre capacité à être un soutien véritablement bienveillant pour ceux qui vous entourent.

Quelles routines quotidiennes adopter pour mieux gérer mon énergie et mes émotions intenses ?

Pour une personne hypersensible, chaque journée peut être une source de stimulation émotionnelle, qu'il s'agisse d'interactions sociales, de sollicitations professionnelles ou même des événements mondains. La gestion de cette sensibilité accrue repose sur une structure de vie qui permet de canaliser les émotions de manière saine et de préserver l'énergie. En intégrant des routines quotidiennes adaptées, vous créez un environnement favorable à la régulation de vos émotions et au maintien de votre bien-être.

Structurer des moments de pause pour recharger vos batteries

La surcharge émotionnelle peut survenir lorsque vous êtes constamment dans un état de vigilance, à capter les émotions des autres ou à réagir aux stimuli extérieurs. L'un des moyens les plus efficaces pour gérer cette énergie est de prévoir des pauses régulières dans votre journée.

- **Prendre des micro-pauses régulières** : Intégrez des moments de déconnexion, même de quelques minutes, tout au long de la journée. Cela pourrait être aussi simple que de fermer les yeux pendant 1 à 2 minutes pour respirer profondément et rétablir une respiration calme. De petites pauses régulières vous permettent de

GESTION DES ÉMOTIONS ET DE L'ÉNERGIE

vous recentrer et d'éviter la surcharge émotionnelle.

- **Temps d'isolement conscient :** L'isolement n'est pas synonyme de solitude négative, mais d'un moment de recentrage. Planifiez un moment chaque jour pour vous retirer dans un endroit calme, loin des interactions sociales et des distractions. Ce temps vous permet de mieux assimiler ce que vous ressentez, de vous reconnecter à vos émotions et de retrouver un équilibre intérieur.

Mettre en place une pratique matinale de centrage et de préparation émotionnelle

Commencer la journée avec un rituel structuré vous permet de mieux gérer l'intensité émotionnelle à venir. Un matin bien préparé est la clé pour traverser des journées potentiellement tumultueuses.

- **Méditation ou visualisation** : La méditation permet de recentrer votre esprit et d'apaiser vos émotions avant que la journée ne vous "envahisse". En consacrant quelques minutes à une pratique méditative, vous vous préparez à affronter les émotions de manière plus calme et mesurée. Vous pouvez essayer de visualiser votre journée, en imaginant que vous êtes capable de maintenir votre équilibre et de rester serein face à ce qui pourrait arriver.
- **Affirmations positives** : Commencez chaque journée par des affirmations qui renforcent votre confiance en votre capacité à gérer vos émotions. Par exemple : "Je suis capable de faire face à tout ce qui se présente aujourd'hui avec calme et clarté", ou "Je choisis de rester centré et équilibré, quelles que soient les situations". Ces affirmations créent une intention positive qui vous accompagnera tout au long de la journée.

GESTION DES ÉMOTIONS ET DE L'ÉNERGIE

Développer une pratique de gestion de l'énergie pendant la journée

Lorsque la journée commence et que les défis s'accumulent, il est facile de se laisser submerger par les émotions et de voir son énergie se dissiper. Une gestion active de votre énergie vous permet de mieux traverser ces vagues émotionnelles.

- **Équilibrer activité et repos :** Une journée équilibrée entre action et repos est essentielle pour éviter l'épuisement. Organisez votre emploi du temps de façon à alterner périodes de forte concentration et moments de récupération. Après une tâche énergivore, comme une réunion ou une interaction difficile, accordez-vous une courte pause pour récupérer avant de reprendre votre activité.

- **Exercice physique :** L'activité physique régulière est cruciale pour gérer les émotions intenses. Faire du sport vous aide à libérer des endorphines, les hormones du bien-être, et à réduire le stress. Choisissez une activité qui vous plaît, que ce soit le yoga, la marche, la danse, ou même la natation. L'exercice renforce votre corps et vous aide à évacuer les émotions accumulées tout au long de la journée.

Soirée de décompression pour clore la journée en douceur

Après une journée émotionnellement chargée, il est crucial d'avoir un rituel de décompression qui vous permette de lâcher prise avant de vous coucher. Une bonne routine du soir vous aide non seulement à relâcher les tensions de la journée, mais aussi à préparer votre corps et votre esprit pour une meilleure récupération pendant la nuit.

- **Rituel de relaxation avant le coucher :** Consacrez 15 à 30 minutes à un moment de détente avant de vous coucher. Il peut s'agir de lire un livre, de prendre un bain chaud, ou d'écouter de la musique apaisante. Ce temps permet de calmer votre esprit et de libérer toute tension qui pourrait vous empêcher de dormir.

- **Journalisation émotionnelle :** Écrire ce que vous avez ressenti au cours de la journée peut être un excellent moyen de libérer les émotions accumulées et d'analyser vos expériences sous un autre angle. La journalisation permet de structurer vos pensées, de comprendre ce qui vous a affecté et de poser des intentions pour le lendemain.

Alimentation et hydratation : l'importance du corps dans l'équilibre émotionnel

Les émotions intenses et la gestion de l'énergie sont aussi liées à l'état physique du corps. Une bonne alimentation et une hydratation adéquate contribuent à stabiliser vos émotions et à maintenir votre énergie.

- **Consommer des aliments équilibrés :** Privilégiez une alimentation riche en nutriments essentiels pour l'équilibre émotionnel, comme les oméga-3, les vitamines du groupe B et les antioxydants. Évitez les excès de caféine et de sucre, qui peuvent exacerber l'anxiété et les fluctuations émotionnelles.

- **Hydratation :** La déshydratation est souvent négligée mais peut avoir un impact important sur l'humeur. Assurez-vous de boire suffisamment d'eau tout au long de la journée pour garder votre esprit clair et votre énergie stable.

GESTION DES ÉMOTIONS ET DE L'ÉNERGIE

Cultiver des moments de gratitude

La gratitude est un puissant outil pour changer l'orientation de vos pensées et apaiser les émotions intenses. Lorsque vous vous concentrez sur ce qui va bien dans votre vie, vous redonnez de la perspective à vos défis émotionnels.

- **Pratique quotidienne de gratitude :** Chaque soir, notez trois choses pour lesquelles vous êtes reconnaissant. Cela vous permet de mettre l'accent sur les aspects positifs de la journée, même lorsque vous avez vécu des émotions fortes ou des situations stressantes.

Les routines quotidiennes jouent un rôle fondamental dans la gestion des émotions et de l'énergie des hypersensibles. En établissant des pratiques régulières, telles que des moments de pause, une activité physique régulière, des rituels de décompression et une alimentation adaptée, vous créez une base solide pour maintenir votre équilibre intérieur face aux défis émotionnels de la vie.

Ces habitudes, bien qu'elles semblent simples, peuvent faire une différence significative dans votre bien-être quotidien, vous permettant ainsi de traverser la journée avec plus de sérénité et de stabilité émotionnelle. La clé réside dans l'intention et la constance avec lesquelles vous intégrez ces pratiques dans votre vie.

GESTION DES ÉMOTIONS ET DE L'ÉNERGIE

 Guide Pratique de l'Équilibre Émotionnel

1. Reconnaître les Signes de Surcharge Émotionnelle
- Vous vous sentez submergée par des pensées incessantes ou des émotions intenses.
- Votre corps envoie des signaux : tensions musculaires, fatigue soudaine, ou maux de tête.
- Vous avez du mal à rester concentrée ou à prendre des décisions.

<u>Action immédiate</u> : Prenez une pause de 5 minutes pour respirer profondément. Inspirez en comptant jusqu'à 4, retenez votre souffle 4 secondes, expirez sur 6 secondes. Cela réinitialise votre système nerveux.

2. Se Protéger des Énergies Négatives
- Identifiez les situations ou personnes qui drainent votre énergie.
- Pratiquez la "visualisation de bouclier" : imaginez une lumière protectrice autour de vous qui filtre les énergies négatives tout en laissant passer l'amour et la bienveillance.

<u>Astuce</u> : Apprenez à dire non avec douceur mais fermeté lorsque vos limites sont atteintes.

3. Équilibrer Votre Énergie Quotidienne
- Matin : Commencez la journée par une intention positive ("Aujourd'hui, je choisis la paix intérieure").
- Pendant la journée : Pratiquez une micro-pause toutes les 90 minutes pour vous recentrer.
- Soir : Éteignez les écrans une heure avant de dormir. Prenez 5 minutes pour noter trois choses positives qui se sont produites dans votre journée.

ENVIRONNEMENT PROFESSIONNEL :

HYPERSENSIBILITÉ ET RÉUSSITE AU TRAVAIL

ENVIRONNEMENT PROFESSIONNEL

Quels sont des moyens de gérer les critiques ou conflits au travail sans les prendre trop à cœur ?

Les critiques et les conflits au travail sont des situations inévitables, surtout dans des environnements professionnels où la pression, les attentes élevées et les personnalités diverses se rencontrent. Pour une personne hypersensible, ces situations peuvent se révéler particulièrement difficiles, car elles touchent non seulement le domaine professionnel, mais aussi les émotions profondes. La clé pour traverser ces épreuves sans les laisser vous affecter négativement est de développer des stratégies spécifiques pour rester détaché(e) tout en préservant votre bien-être et votre efficacité au travail. Voici des méthodes concrètes et pragmatiques pour gérer les critiques et les conflits au travail sans les prendre trop à cœur.

Reprendre du recul émotionnel avant de répondre

Face à une critique ou à un conflit, la réaction immédiate peut être émotionnelle. Cela est d'autant plus vrai pour les hypersensibles, qui sont souvent rapidement affectés par les mots et le ton utilisés. Cependant, réagir sous l'effet de l'émotion peut amplifier la situation. La première étape consiste donc à **gagner du temps** et à vous donner la permission de **prendre du recul** avant de répondre.

Pratiquer la respiration consciente : Lorsque vous êtes confronté(e) à une critique ou à un conflit, prenez quelques secondes pour respirer profondément. Cette pause de quelques instants peut suffire à réduire l'intensité émotionnelle immédiate. En vous concentrant sur votre respiration, vous permettez à votre esprit de se calmer et à votre corps de ne pas répondre automatiquement sur la base d'une impulsion émotionnelle.

Laisser mûrir la réponse : Au lieu de réagir impulsivement, prenez un moment pour réfléchir à la critique ou au conflit. Quelles en sont les raisons sous-jacentes ? Est-ce que la personne a raison dans une certaine mesure ? Peut-être que ce retour peut être un outil d'amélioration pour vous. Si la situation est tendue, il peut être préférable de dire : « Je préfère y réfléchir un peu avant de répondre. » Cela montre que vous prenez la critique au sérieux, mais que vous ne laissez pas vos émotions diriger votre réponse.

Reformuler la critique pour en retirer l'essentiel

Une fois que vous avez pris du recul, une technique utile est de reformuler la critique ou le conflit afin de le rendre plus objectif et moins personnel. Cela permet de détacher l'aspect émotionnel de la situation et d'aborder le problème de manière rationnelle.

Transformer les critiques en opportunités de développement : Plutôt que de percevoir la critique comme une attaque personnelle, essayez de la voir comme un retour constructif. Par exemple, si un collègue vous critique sur la gestion d'un projet, au lieu de vous focaliser sur l'aspect émotionnel de la critique, demandez-vous : « Qu'est-ce que je peux apprendre de ce retour ? Que puis-je améliorer ? » Cela vous permettra de vous concentrer sur l'objectif d'amélioration sans que l'émotion ne prenne le dessus.

Clarifier les intentions de l'autre personne : Lorsque vous faites face à une critique, prenez un moment pour clarifier les intentions derrière les mots. Parfois, la manière de présenter une critique peut sembler dure, mais la personne qui vous critique peut simplement chercher à vous aider à progresser, sans aucune intention malveillante. En posant des questions ouvertes comme « Qu'est-ce qui vous fait penser cela ? » ou « Que puis-je faire différemment ? », vous recentrez la conversation sur le fond et non sur les émotions.

Ne pas prendre la critique comme un jugement de valeur

L'un des principaux défis pour une personne hypersensible face à une critique est d'éviter de l'interpréter comme un jugement global de sa valeur personnelle. Il est important de dissocier votre identité de votre performance au travail.

Séparer la personne de la tâche : Une critique concernant une tâche spécifique ne remet pas en question votre valeur en tant qu'individu. Un commentaire sur un projet qui ne répond pas aux attentes n'implique pas que vous êtes une mauvaise personne. Rappelez-vous qu'il s'agit d'une évaluation du travail que vous avez fait, pas de qui vous êtes. En gardant cette distinction claire dans votre esprit, vous minimisez l'impact émotionnel de la critique.

Revisiter vos réussites passées : Une manière de prendre du recul par rapport à une critique est de vous rappeler vos réalisations passées. Lorsque vous sentez que la critique personnelle vous atteint, il peut être utile de vous remémorer vos succès et les retours positifs que vous avez reçus dans le passé. Cela vous rappellera que votre valeur ne se résume pas à un seul commentaire ou à un seul conflit.

Utiliser les conflits comme un terrain d'apprentissage

ENVIRONNEMENT PROFESSIONNEL

Les conflits, même s'ils peuvent être difficiles à vivre, sont aussi une occasion d'apprentissage. Plutôt que de les fuir ou de les prendre personnellement, vous pouvez adopter une approche plus constructive.

Chercher des solutions gagnant-gagnant : En abordant un conflit, l'objectif devrait être de trouver une solution qui profite à toutes les parties impliquées, plutôt que de voir la situation comme une confrontation. Essayez de comprendre les besoins et les motivations de l'autre personne et de trouver un compromis acceptable. Cela permet de résoudre le conflit de manière rationnelle tout en préservant votre relation professionnelle.

Apprendre à désamorcer les tensions : Les hypersensibles peuvent parfois percevoir des situations conflictuelles comme plus intenses qu'elles ne le sont réellement. Dans ce cas, apprendre des techniques de désamorçage peut être précieux. Par exemple, reformuler calmement les propos de l'autre pour montrer que vous avez bien compris leur point de vue, ou reconnaître leur ressenti avant de donner le vôtre, peut aider à apaiser une situation tendue.

Prendre soin de soi pour limiter l'impact des critiques

Pour ne pas laisser les critiques ou les conflits nuire à votre bien-être, il est essentiel de prendre soin de vous en dehors du travail, pour récupérer émotionnellement et éviter de ruminer trop longtemps.

Des pauses régulières pour se ressourcer : Il est crucial de vous accorder des moments de déconnexion après une journée de travail, surtout si vous avez traversé des situations émotionnellement intenses. Ces pauses vous permettent de remettre les choses en perspective et de

ENVIRONNEMENT PROFESSIONNEL

relâcher la pression avant de revenir le lendemain avec une énergie renouvelée.

La gestion du stress à long terme : La pratique régulière d'activités apaisantes comme la méditation, le yoga ou des activités créatives peut vous aider à développer une plus grande résilience émotionnelle face aux critiques et conflits. Ces pratiques renforcent votre capacité à garder une attitude positive et calme, même en situation de stress.

Gérer les critiques ou les conflits au travail sans les prendre trop à cœur est un défi, surtout pour les personnes hypersensibles. Toutefois, en adoptant des stratégies pour prendre du recul, reformuler les critiques de manière constructive, séparer votre valeur personnelle de votre travail et chercher des solutions plutôt que des conflits, vous pouvez transformer ces situations difficiles en opportunités d'apprentissage et de croissance. De plus, en prenant soin de vous et en pratiquant régulièrement des techniques de gestion du stress, vous serez mieux préparé(e) à affronter ces moments avec sérénité.

Au final, il s'agit de ne pas laisser les critiques affecter votre bien-être, mais plutôt de les utiliser comme un levier pour votre développement personnel et professionnel.

Comment poser des limites professionnelles face à des demandes ou des situations qui me submergent ?

Pour une personne hypersensible, il est souvent difficile de dire "non" ou d'établir des limites claires au travail. La tendance à vouloir plaire, à être apprécié(e) et à éviter les conflits peut rendre la gestion des demandes professionnelles délicate. Cependant, il est crucial de poser des limites pour préserver votre bien-être et éviter l'épuisement. Apprendre à reconnaître vos limites et à les communiquer de manière assertive et respectueuse est essentiel pour maintenir un équilibre sain et durable au travail. Voici des stratégies concrètes et pragmatiques pour poser des limites professionnelles face à des demandes ou des situations qui vous submergent.

Reconnaître vos limites avant qu'elles ne soient franchies

La première étape pour poser des limites est de reconnaître vos propres signes de surcharge. En tant qu'hypersensible, vous êtes particulièrement attentif(ve) aux émotions et aux besoins des autres, ce qui peut rendre difficile de percevoir lorsque vous commencez à vous sentir submergé(e). Apprendre à repérer ces signaux avant qu'ils ne deviennent trop intenses est essentiel.

Surveillez votre niveau d'énergie : Si vous commencez à ressentir une fatigue accrue, une baisse de motivation ou un sentiment de frustration sans raison apparente, c'est souvent un indicateur que vous avez dépassé vos limites. Prenez le temps de faire une pause et de réévaluer vos priorités avant de vous engager davantage.

Prêtez attention à vos émotions : Des émotions négatives persistantes comme l'anxiété, le stress ou la colère peuvent être des signes que vous êtes surchargé(e) par des demandes excessives. Lorsque ces émotions apparaissent, il est important de vous arrêter et de réfléchir à ce qui vous met sous pression.

ENVIRONNEMENT PROFESSIONNEL

Clarifier vos priorités professionnelles

Poser des limites commence par une compréhension claire de vos priorités professionnelles. Lorsque vous êtes sollicité(e) par des demandes, il est essentiel de savoir ce qui est réellement important pour vous et ce qui peut être mis de côté.

- **Faites une liste de vos priorités :** Identifiez les tâches et les projets qui sont essentiels pour atteindre vos objectifs professionnels. Tout ce qui ne fait pas partie de ces priorités devrait être abordé avec plus de discernement. Cela vous permettra de mieux évaluer si une demande est urgente ou si elle peut être repoussée ou déléguée.

- **Anticipez les périodes de surcharge :** Certaines périodes de l'année peuvent être plus chargées que d'autres, en fonction de la nature de votre travail. Planifiez à l'avance en mettant en place des stratégies pour gérer les moments de forte pression. Cela peut inclure l'ajustement de vos horaires de travail ou la réduction de vos engagements externes.

Apprendre à dire "non" de manière assertive

Savoir dire "non" est l'une des compétences les plus importantes à maîtriser pour poser des limites saines. Cela ne signifie pas être hostile ou égoïste, mais simplement affirmer vos besoins et préserver votre espace personnel.

Utiliser des formulations respectueuses : Dire "non" ne doit pas être rude. Il est possible de refuser une demande de manière polie et

ENVIRONNEMENT PROFESSIONNEL

respectueuse. Par exemple, vous pouvez dire : « Je comprends l'importance de cette tâche, mais je suis actuellement surchargé(e) avec d'autres projets. Je ne pourrai pas m'en occuper avant [date précise] ». De cette façon, vous montrez que vous êtes responsable et que vous tenez compte des priorités.

Proposer des alternatives : Si vous ne pouvez pas accepter une demande, pensez à offrir une alternative. Cela pourrait être de déléguer la tâche à un collègue, ou de suggérer une autre manière d'aborder la situation. Par exemple : « Je ne peux pas participer à cette réunion, mais je peux vous envoyer un résumé écrit de mes idées pour aider à avancer. »

Restez ferme dans votre réponse : Une fois que vous avez défini vos limites, il est essentiel de **rester ferme**. L'hypersensibilité peut parfois vous rendre trop conciliant(e), mais en insistant sur vos besoins, vous démontrez du respect envers vous-même tout en préservant votre équilibre.

Communiquer clairement vos besoins

Lorsque vous vous sentez submergé(e), il est crucial de **communiquer vos besoins de manière claire et directe**. Cela évite les malentendus et montre aux autres que vous êtes engagé(e) à travailler de manière efficace tout en préservant votre bien-être.

Expliquer vos besoins de manière factuelle : Si vous devez réduire votre charge de travail ou réorganiser vos priorités, expliquez la situation de manière factuelle, sans culpabiliser. Par exemple : « Je me rends compte que j'ai beaucoup de projets en cours et que mes capacités

ENVIRONNEMENT PROFESSIONNEL

de gestion du temps sont sollicitées au maximum. Pour garantir la qualité du travail, j'aimerais qu'on revoie mes priorités. »

Utiliser la technique de l'assertivité : Cela consiste à exprimer vos besoins sans agressivité, mais aussi sans passivité. Utilisez des phrases en "je" pour exprimer vos ressentis et besoins, comme : « Je me sens un peu submergé(e) par la quantité de tâches actuellement sur ma charge de travail, et j'aurais besoin de plus de temps pour les accomplir correctement. » Cela clarifie vos besoins tout en évitant de donner l'impression que vous êtes sur la défensive.

Gérer les situations où les limites sont ignorées

Dans certains cas, malgré vos efforts pour poser des limites, vos collègues ou supérieurs peuvent ne pas respecter vos demandes. Dans ce cas, il est crucial de maintenir votre position tout en cherchant une solution.

- **Rappeler calmement vos limites :** Si une limite que vous avez posée est ignorée, n'hésitez pas à rappeler vos besoins de manière calme et professionnelle. Cela peut être fait en recontextualisant la situation : « Comme nous en avions parlé précédemment, j'ai besoin de ce temps pour travailler sur [projet]. Je ne pourrai donc pas accepter d'autres tâches pour le moment. »

- **Demander de l'aide si nécessaire :** Si vous avez du mal à imposer vos limites, demandez conseil ou soutien à un supérieur hiérarchique ou à un mentor qui peut vous aider à naviguer dans ces situations. Parfois, une tierce personne peut vous offrir des stratégies ou de l'aide pour mieux gérer vos demandes.

ENVIRONNEMENT PROFESSIONNEL

Prendre soin de votre équilibre personnel

Enfin, pour que vos limites professionnelles soient efficaces, il est important de prendre soin de votre équilibre personnel en dehors du travail. Votre capacité à dire "non" et à gérer vos limites dépend également de votre bien-être physique et émotionnel global.

- **Planifiez des moments de déconnexion :** Assurez-vous d'avoir des moments de récupération dans votre emploi du temps. Que ce soit par la méditation, des activités créatives ou des pauses régulières, ces moments vous aident à maintenir une énergie positive et à mieux gérer les demandes professionnelles sans vous laisser submerger.

- **Pratiquez la pleine conscience :** Des pratiques comme la méditation de pleine conscience vous aident à rester ancré(e) et centré(e) sur vos priorités, même en période de stress. En développant votre capacité à être présent(e) dans l'instant, vous améliorez votre capacité à poser des limites de manière efficace et sereine.

Poser des limites professionnelles face à des demandes ou des situations qui vous submergent est essentiel pour préserver votre bien-être et votre efficacité à long terme. Cela nécessite une écoute attentive de vos besoins, une communication claire et assertive, et parfois la capacité à résister à des pressions extérieures. En appliquant ces stratégies de manière pratique et pragmatique, vous pourrez maintenir un équilibre sain entre vos obligations professionnelles et votre bien-être personnel, et ainsi, éviter de vous laisser engloutir par les exigences du monde professionnel.

ENVIRONNEMENT PROFESSIONNEL

Quelles techniques discrètes pour rester calme dans des situations professionnelles stressantes ?

Dans le monde professionnel, les situations stressantes sont inévitables : réunions tendues, conflits avec des collègues ou des supérieurs, prises de décision sous pression... Pour une personne hypersensible, ces moments peuvent être particulièrement éprouvants, car les émotions intenses peuvent être amplifiées par la pression de l'environnement. Cependant, il existe des techniques discrètes et efficaces pour garder son calme dans ces situations, sans se laisser submerger. Ces outils vous permettront de rester maître de vos émotions et d'agir de manière réfléchie, même dans les moments les plus tendus.

La respiration profonde pour apaiser le stress immédiat

Lorsque vous êtes confronté(e) à une situation stressante, la première chose qui se produit est souvent un changement dans votre respiration : elle devient plus rapide, plus superficielle, ce qui accentue le stress. Une des techniques les plus simples et efficaces pour rester calme est de ralentir consciemment votre respiration. Cela permet d'envoyer un signal au cerveau que la situation n'est pas une menace immédiate, ce qui permet de réduire l'anxiété et de retrouver un état plus posé.

- **Technique de la respiration abdominale** : Inspirez profondément par le nez en gonflant votre ventre, puis expirez lentement par la bouche. Comptez mentalement jusqu'à 4 pour l'inspiration, puis jusqu'à 4 pour l'expiration. Répétez cet exercice plusieurs fois si nécessaire. Il peut être effectué discrètement, même en pleine réunion ou lors d'une interaction difficile, sans que personne ne le remarque.

- **Respiration de cohérence cardiaque :** Une autre technique de respiration qui peut être réalisée en toute discrétion est la cohérence cardiaque. Elle consiste à respirer de manière régulière à un rythme de 5 respirations par minute (5 secondes pour inspirer, 5 secondes pour expirer). Cette pratique a prouvé son efficacité pour diminuer le stress et restaurer un équilibre émotionnel rapide.

Ancrage physique :
trouver des points de calme dans son corps

Une autre technique discrète pour rester calme dans une situation stressante est l'ancrage physique. Cette méthode consiste à rediriger votre attention sur des sensations corporelles simples et apaisantes. Cela permet de se recentrer et de désactiver les émotions excessives avant qu'elles n'encombrent votre esprit.

- **Serrer doucement un objet dans votre main :** Cela peut être un stylo, une bague, ou même un petit objet que vous gardez dans votre poche ou votre main. En serrant l'objet de manière discrète, vous créez un point de focalisation dans votre corps, ce qui aide à revenir à l'instant présent et à calmer la montée d'émotions fortes.

- **Ancrage au sol :** En position assise, prenez quelques instants pour vous concentrer sur la sensation de vos pieds posés sur le sol. Ressentez le contact, la stabilité qu'il procure, et imaginez-vous en train de vous ancrer dans le sol. Cette sensation de solidité est un moyen efficace de réduire l'anxiété et de se sentir plus stable intérieurement.

ENVIRONNEMENT PROFESSIONNEL

Visualisation positive : transformer l'environnement mental

Une autre méthode discrète mais puissante pour rester calme est la visualisation. En vous projetant mentalement dans une situation apaisante, vous pouvez réduire le stress et créer un espace intérieur de tranquillité, même en pleine tempête émotionnelle. La visualisation permet de détourner votre attention de la situation actuelle et de vous immerger dans un environnement mental serein.

- **Visualisation d'un espace calme :** Imaginez-vous dans un endroit qui vous apporte de la sérénité : une plage tranquille, un parc silencieux, ou même un moment de bonheur passé. Visualisez les détails sensoriels de cet endroit : les sons, les couleurs, les odeurs, la température de l'air. Cette distraction mentale peut suffire à vous apaiser durant une situation tendue, et ce, sans que personne ne le remarque.

- **Visualisation de l'issue positive :** Vous pouvez aussi vous concentrer sur une visualisation qui implique la résolution positive de la situation. Imaginez-vous en train de gérer la situation avec calme et assurance, et que les interactions se déroulent de manière respectueuse et productive. Ce type de visualisation mentale vous aide à garder votre calme tout en renforçant la confiance en vos capacités à gérer la situation.

Prendre des pauses discrètes pour se ressourcer

Dans des situations stressantes, il est parfois nécessaire de prendre une courte pause pour se calmer et rétablir l'équilibre émotionnel. Cependant, cela peut ne pas être toujours possible dans un

ENVIRONNEMENT PROFESSIONNEL

environnement professionnel en continu. Cela dit, il existe des moyens de prendre des pauses discrètes, même dans des réunions ou lors de conversations tendues.

Pause sensorielle : Pendant quelques secondes, fermez doucement les yeux (si possible) et concentrez-vous sur vos autres sens. Écoutez les sons autour de vous, ressentez les sensations de votre corps, ou tournez votre attention vers un petit détail dans la pièce. Ce changement de focus rapide vous permet de vous recentrer sans perturber la conversation ou la dynamique de la réunion.

Retrait temporaire pour respirer : Si vous êtes dans un environnement particulièrement oppressant, il peut être utile de vous excuser brièvement et de sortir de la salle quelques instants. Un simple prétexte (aller aux toilettes ou boire un verre d'eau) vous permet de vous éloigner et de reprendre votre calme.

Le langage corporel calme : maîtriser vos signaux non verbaux

Lorsque vous êtes stressé(e), il est facile de transmettre des signaux de nervosité à travers votre langage corporel. Cela peut aggraver la situation ou être perçu comme un signe de faiblesse ou de perte de contrôle. Apprendre à maîtriser votre langage corporel dans ces moments permet non seulement de rester calme intérieurement, mais aussi d'envoyer des signaux de sérénité aux autres.

Posture ouverte et ancrée : Assurez-vous de garder une posture ouverte, les épaules détendues, et les mains posées calmement sur la table ou les bras du siège. Évitez de croiser les bras ou de vous tordre les mains, car cela peut suggérer de l'anxiété. En adoptant une posture stable et détendue, vous influencez positivement votre état intérieur et vous gagnez en assurance.

Maintien d'un contact visuel serein : Le contact visuel est un outil puissant pour instaurer la confiance. Lorsque vous êtes confronté(e) à une situation tendue, un regard calme, posé et affirmé (sans être perçu comme défiant) vous aidera à contrôler la dynamique de l'interaction.

Gérer les pensées négatives : se recentrer sur l'objectif

Les pensées négatives ou catastrophiques peuvent rapidement amplifier le stress. Parfois, un petit changement de perspective suffit à réduire la pression. Plutôt que de vous concentrer sur ce qui pourrait mal tourner, concentrez-vous sur l'objectif positif de la situation et sur ce que vous pouvez contrôler.

Rester calme dans des situations professionnelles stressantes est un défi, particulièrement pour les hypersensibles. Cependant, en appliquant des techniques discrètes de gestion du stress, vous pouvez maintenir votre équilibre intérieur et transformer ces moments tendus en occasions de démontrer votre professionnalisme. Ces stratégies vous permettent de prendre du recul, agir sereinement et préserver votre bien-être tout en restant concentré(e) sur vos objectifs.

Votre hypersensibilité est un atout précieux qui vous permet d'apporter une perspective unique et authentique. En restant fidèle à vos valeurs, vous devenez une source d'inspiration et un modèle de calme et de sagesse pour ceux qui vous entourent.

BIEN-ÊTRE PERSONNEL :

CRÉER UN QUOTIDIEN APAISANT

Comment aménager un environnement qui favorise mon ressourcement au quotidien ?

L'environnement dans lequel nous évoluons joue un rôle fondamental sur notre bien-être mental, émotionnel et physique. Pour une personne hypersensible, cet environnement doit être soigneusement pensé pour offrir des espaces de calme et de ressourcement, tout en évitant les stimulis excessifs qui peuvent entraîner une surcharge émotionnelle. Aménager un tel environnement n'est pas qu'une question de décoration ; il s'agit de créer un cadre propice à la détente, à la créativité, et à l'équilibre intérieur. Voici des suggestions concrètes et adaptées à vos besoins spécifiques pour aménager un espace de vie et de travail qui soutient votre hypersensibilité.

Opter pour des espaces épurés et ordonnés

Les hypersensibles peuvent être particulièrement affectés par le désordre et l'encombrement visuel. Un environnement trop chargé peut rapidement devenir une source de stress et de confusion. Il est donc essentiel de privilégier la simplicité et l'ordre.

Minimalisme et rangement : Un espace bien rangé et dégagé permet de réduire les distractions visuelles et crée une atmosphère propice à la relaxation. Évitez de surcharger vos pièces avec trop d'objets décoratifs, en particulier ceux qui sont bruyants ou distrayants. Organisez vos affaires de manière fonctionnelle pour éviter de perdre du temps et de l'énergie à chercher ce dont vous avez besoin.

Optimisation de l'espace : Si possible, consacrez une pièce ou un coin de votre maison uniquement à votre ressourcement : un lieu où vous vous retirez pour vous recentrer, vous détendre ou méditer. Ce peut être une pièce calme, une chambre, ou un coin tranquille de votre salon ou bureau. L'idée est de vous y rendre systématiquement pour y trouver une atmosphère de calme et de tranquillité.

Choisir des couleurs apaisantes et naturelles

Les couleurs de votre environnement ont un impact direct sur votre humeur et vos émotions. Certaines couleurs peuvent stimuler l'énergie et l'attention, tandis que d'autres favorisent la relaxation et la sérénité. Pour les hypersensibles, il est préférable d'opter pour des tons doux, neutres et naturels.

Les tons doux et naturels : Les couleurs comme le bleu pâle, le vert, le beige ou des nuances pastel créent une ambiance calme et apaisante. Ces teintes réduisent la stimulation visuelle et contribuent à créer un espace où vous pouvez vous ressourcer sans être perturbé par des couleurs trop vives ou agressives.

Éviter les couleurs trop stimulantes : Les couleurs comme le rouge, l'orange vif ou le jaune peuvent induire une sensation d'agitation ou d'anxiété. Il est donc recommandé de les limiter dans votre environnement, en particulier dans les pièces où vous cherchez à vous détendre, comme la chambre ou le salon.

Créer des zones de détente et de méditation

Une fois votre environnement épuré et coloré de manière apaisante, il est important de créer des zones spéciales dédiées à la détente, à la méditation ou à la relaxation. Ces espaces seront votre refuge pour échapper à l'agitation du quotidien.

L'espace de méditation ou de relaxation : Aménager un petit coin méditation dans votre domicile, même si l'espace est limité, peut être extrêmement bénéfique. Il peut s'agir d'un coussin confortable au sol, ou d'un fauteuil dans un coin calme. Ajoutez des éléments comme des bougies parfumées, des pierres naturelles, des plantes ou une fontaine d'eau pour stimuler les sens de manière douce et naturelle.

L'importance de la lumière : La lumière joue un rôle essentiel dans l'ambiance d'une pièce. Pour favoriser la détente, privilégiez une lumière douce, diffuse et naturelle. Évitez les éclairages trop agressifs ou fluorescents, qui peuvent nuire à votre bien-être. En soirée, optez pour des lampes à lumière tamisée, des guirlandes lumineuses ou des bougies. L'éclairage naturel est également essentiel, alors assurez-vous que votre espace dispose de fenêtres pour favoriser une exposition suffisante à la lumière du jour.

Les éléments naturels : ancrer le bien-être dans la nature

Les éléments naturels, comme les plantes, l'eau ou les matériaux organiques, ont un pouvoir apaisant et sont particulièrement bénéfiques pour les hypersensibles. Ils contribuent à réduire le stress, à purifier l'air et à créer une ambiance plus saine.

Les plantes : Les plantes d'intérieur sont non seulement décoratives mais ont aussi des propriétés relaxantes. Elles purifient l'air, réduisent les toxines et apportent de la verdure, ce qui a un effet calmant immédiat. Les plantes comme le lierre, le jasmin, le bambou ou les succulentes sont particulièrement adaptées à un environnement intérieur apaisant. Pensez à en intégrer dans différentes pièces de votre maison, en particulier celles où vous passez le plus de temps.

L'eau : L'eau a un effet thérapeutique prouvé sur le bien-être mental. Si cela est possible, intégrer une petite fontaine ou un bassin d'eau dans votre espace de vie peut aider à créer une atmosphère calme. Le bruit léger de l'eau qui coule vous apaise tout en apportant une sensation de nature à l'intérieur.

Limiter le bruit et la stimulation sensorielle

Le bruit est l'un des facteurs de stress majeurs pour les personnes hypersensibles. Une forte stimulation sonore peut rapidement conduire à un épuisement émotionnel et à une surcharge mentale. Il est donc essentiel de limiter les sources de bruit dans votre environnement quotidien.

Éviter les bruits excessifs : Si vous travaillez dans un environnement bruyant, investissez dans des écouteurs ou des bouchons d'oreilles pour réduire les distractions auditives. Si vous êtes à la maison, privilégiez des espaces où les bruits extérieurs sont moins présents, ou utilisez des rideaux épais pour isoler les sons de l'extérieur. Des tapis épais et des meubles en tissu peuvent aussi aider à amortir le bruit à l'intérieur.

Utiliser des sons apaisants : Si le silence est trop pesant ou si vous avez besoin de réduire l'impact des bruits extérieurs, vous pouvez aussi introduire des sons apaisants dans votre espace, comme de la musique douce, des sons de la nature (pluie, vagues, vent) ou de la musique de méditation. De nombreuses applications de relaxation et de méditation proposent des bandes sonores pour favoriser la détente.

Créer une routine de désintoxication numérique

Dans un monde où les informations sont constamment accessibles, les hypersensibles peuvent se sentir submergés par le flot d'actualités, de notifications et d'emails. Il est important de créer des moments dans la journée pour se déconnecter et restaurer un équilibre intérieur.

Limiter l'exposition aux écrans : Fixez des plages horaires spécifiques pour l'utilisation de vos appareils électroniques (téléphone, ordinateur, télévision). Une déconnexion régulière, notamment avant le coucher, est essentielle pour éviter une surcharge d'informations. Vous pouvez également désactiver les notifications pour éviter l'intrusion constante des messages et alertes.

La "détente numérique" : Dans votre environnement, optez pour des moments sans écrans où vous vous concentrez sur des activités non technologiques (lecture, marche, méditation, conversation). Cela permet de redonner de la place à des interactions plus humaines et à des moments de calme.

Aménager un environnement qui favorise votre ressourcement au quotidien est une démarche essentielle pour préserver votre équilibre en tant qu'hypersensible. En créant un espace ordonné, apaisant et respectueux de vos besoins sensoriels, vous transformez votre lieu de vie en un sanctuaire de bien-être. Que ce soit par l'adoption de couleurs douces, l'intégration de plantes, la gestion du bruit ou la création de zones spécifiques dédiées à la relaxation, chaque élément de votre environnement doit être pensé pour vous soutenir dans votre quotidien. En prenant soin de votre espace, vous prenez soin de vous-même et vous vous donnez les meilleures chances de maintenir un équilibre émotionnel et mental stable.

Quelles activités et rituels relaxants sont particulièrement bénéfiques pour les hypersensibles ?

Les personnes hypersensibles, en raison de leur capacité à percevoir le monde avec une intensité accrue, ont souvent besoin de moments spécifiques pour se détendre et se ressourcer. Celles-ci doivent choisir des activités et des rituels qui favorisent leur bien-être émotionnel, tout en les aidant à décompresser de la surcharge sensorielle qu'elles peuvent vivre au quotidien. Ces moments de relaxation ne doivent pas seulement apaiser, mais aussi nourrir leur sensibilité en leur offrant un espace pour se recentrer. Voici une sélection d'activités et de rituels relaxants particulièrement adaptés aux hypersensibles.

La méditation et la pleine conscience

La pratique de la méditation est l'un des moyens les plus puissants pour apaiser l'esprit hypersensible. Elle aide à calmer les pensées envahissantes et à recentrer l'énergie sur le moment présent. La pleine conscience, ou mindfulness, est particulièrement bénéfique car elle permet d'observer ses pensées et émotions sans jugement, favorisant ainsi une meilleure gestion de la surcharge émotionnelle.

- Méditation guidée : Si la méditation traditionnelle vous semble difficile, commencez par des méditations guidées. Vous pouvez trouver des applications ou des vidéos de méditation spécifiquement conçues pour les hypersensibles, vous guidant à travers des séances qui ciblent la réduction du stress et la relaxation profonde.
- Méditation de pleine conscience : Consacrer quelques minutes par jour à être pleinement présent dans ce que vous faites, même dans des activités simples comme boire une tasse de thé, peut réduire le sentiment de surcharge et vous ancrer dans l'instant.

BIEN-ÊTRE PERSONNEL

La pratique du yoga doux ou du tai-chi

Les pratiques douces comme le yoga et le tai-chi permettent de concilier le corps et l'esprit dans un cadre calme et apaisant. Ces activités, qui combinent mouvement et respiration, offrent des bienfaits physiques tout en apportant une profonde relaxation mentale.

- Yoga doux (hatha yoga ou yoga restaurateur) : Contrairement au yoga dynamique, les pratiques lentes permettent de relâcher les tensions accumulées, d'améliorer la souplesse et d'apaiser les émotions. Vous pouvez intégrer des postures comme la posture de l'enfant ou la posture de la tête de vache qui favorisent la détente.
- Tai-chi ou Qi Gong : Ces pratiques asiatiques de mouvements lents et fluides sont particulièrement adaptées pour les hypersensibles. Elles favorisent la circulation de l'énergie et sont idéales pour réduire l'anxiété tout en permettant de mieux gérer le stress.

Les bains de nature et les promenades en plein air

Pour les hypersensibles, le contact avec la nature est une forme de guérison qui rééquilibre les émotions. Les bains de nature, ou shinrin yoku en japonais, sont une pratique de marche lente en forêt, permettant de s'imprégner des sons et des odeurs naturelles, offrant ainsi un ressourcement émotionnel puissant.

- Promenades dans la nature : Prenez le temps de marcher dans des espaces naturels (forêts, plages, parcs) pour vous reconnecter avec la terre et libérer vos tensions. Ces promenades, surtout si elles sont pratiquées en silence, vous permettent de vous détacher des stimulations urbaines et de retrouver votre équilibre intérieur.

- Jardinage thérapeutique : Si vous avez accès à un jardin ou même à quelques pots de plantes, le jardinage peut être un excellent moyen de se reconnecter à la nature tout en pratiquant une activité physique douce. Le jardinage aide à réduire l'anxiété et favorise un sentiment d'accomplissement.

Les activités créatives et artistiques

Les hypersensibles possèdent souvent une grande sensibilité artistique et créative. L'expression à travers l'art, que ce soit la peinture, l'écriture, la musique ou la danse, peut être une forme puissante de catharsis émotionnelle. Ces activités permettent de transformer des émotions complexes en quelque chose de tangible et libérateur.

- Peinture, dessin ou sculpture : La création artistique peut être un moyen de libérer les émotions refoulées et de les transformer en œuvres d'art. Ces moments de création permettent de se concentrer pleinement sur l'acte créatif, offrant ainsi une forme de méditation active.
- Écriture : Tenir un journal intime ou pratiquer l'écriture créative peut être particulièrement bénéfique pour les hypersensibles. L'écriture permet de libérer des émotions refoulées, de traiter des pensées complexes et de poser des mots sur des sentiments difficiles à exprimer autrement.
- Musique et danse : Écouter de la musique douce, jouer d'un instrument ou même danser librement peuvent constituer des rituels relaxants puissants. La musique permet de libérer les émotions et de retrouver un équilibre intérieur, tandis que la danse, même de manière improvisée, peut dissiper les tensions et renforcer la joie de vivre.

La relaxation par le toucher : massage et auto-massage

Le toucher a un effet apaisant profond sur les hypersensibles. Un massage doux ou un auto-massage, en particulier sur des zones sensibles comme les épaules, le cou ou les mains, peut libérer des tensions physiques et émotionnelles.

- Massage thérapeutique : Un massage, que ce soit par un professionnel ou avec un appareil adapté, peut être un excellent moyen de se détendre profondément. Les massages aux huiles essentielles, en particulier, sont idéaux pour leurs vertus apaisantes et régénérantes. Optez pour des huiles essentielles de lavande, camomille ou ylang-ylang, connues pour leurs propriétés relaxantes.
- Auto-massage : Vous pouvez également pratiquer des techniques d'auto-massage pour vous détendre, par exemple, en massant vos tempes ou la base de votre crâne pour libérer la tension accumulée.

La respiration profonde et la relaxation progressive musculaire

Les techniques de relaxation, telles que la respiration profonde et la relaxation progressive musculaire, sont particulièrement efficaces pour apaiser l'agitation émotionnelle et réduire l'anxiété.

- Respiration abdominale : Cette méthode permet de ralentir le rythme cardiaque et d'abaisser les niveaux de stress. Inspirez profondément par le nez, en remplissant votre ventre d'air, puis expirez lentement par la bouche. Répétez cet exercice pendant quelques minutes chaque jour pour calmer l'esprit.

- Relaxation progressive musculaire : Cette technique consiste à contracter puis relâcher chaque groupe musculaire de votre corps pour diminuer les tensions physiques et émotionnelles. En associant la concentration sur le corps et la respiration, vous pouvez atteindre une détente complète.

Les rituels du soir pour un sommeil réparateur

Le sommeil est essentiel pour les hypersensibles, car un mauvais sommeil amplifie les effets du stress et des émotions. Instaurer une routine du soir relaxante permet de signaler à votre corps qu'il est temps de se détendre avant de se coucher.

- Rituel du soir sans écrans : Limitez l'usage des écrans (téléphone, ordinateur, télévision) au moins 30 minutes avant de vous coucher. La lumière bleue émise par les appareils interfère avec la production de mélatonine, l'hormone du sommeil.
- Infusions relaxantes : Boire une tisane apaisante avant de dormir, comme de la camomille, de la lavande ou du tilleul, peut favoriser un sommeil réparateur. Accompagnez cela d'un moment de calme, peut-être de lecture ou de méditation légère, pour apaiser votre esprit avant de vous endormir.

Vous pouvez donc grandement bénéficier de rituels relaxants qui vous permettent de vous recentrer et de vous ressourcer émotionnellement. En adoptant ces pratiques , vous pouvez offrir à votre corps et à votre esprit l'espace nécessaire pour se régénérer. L'essentiel est de choisir des activités qui résonnent avec vous, qui nourrissent votre sensibilité tout en vous offrant la paix intérieure. Ces moments de bien-être font partie intégrante de votre équilibre et de votre épanouissement personnel.

Comment apprendre à m'aimer et valoriser ma sensibilité comme un atout ?

Apprendre à s'aimer et à valoriser sa sensibilité est un processus profondément transformateur pour un hypersensible. Dans un monde où les qualités associées à la rationalité, à la dureté et à l'indépendance sont souvent privilégiées, il peut être difficile de reconnaître la richesse intérieure que représente une sensibilité aiguë. Pourtant, cette sensibilité, loin d'être un fardeau, est une capacité précieuse, un atout qui permet d'éprouver les émotions avec une intensité unique, de créer des connexions profondes et d'avoir une perception fine des autres et du monde.

Se réconcilier avec cette part de soi, apprendre à l'apprécier et à l'utiliser positivement, c'est se donner la chance de vivre une vie plus épanouie, plus authentique et plus riche émotionnellement. Ce processus demande de la patience, de la bienveillance et une approche concrète pour intégrer ces changements dans le quotidien. Voici quelques clés pour apprendre à vous aimer et à valoriser votre sensibilité :

Accepter et comprendre sa sensibilité

La première étape pour apprendre à vous aimer tel que vous êtes consiste à accepter votre sensibilité. Trop souvent, les hypersensibles vivent leur caractère comme une faiblesse ou une source de gêne. Cela peut être dû à des messages reçus dans l'enfance, dans la société ou dans des relations passées où votre sensibilité a été minimisée ou critiquée. Accepter cette partie de vous-même, c'est reconnaître qu'elle fait partie intégrante de qui vous êtes et qu'elle est une source de force, pas une faiblesse.

- Changer de perspective : Essayez de voir votre sensibilité non pas comme une vulnérabilité, mais comme une capacité d'empathie, de compréhension et de connexion avec les autres. Elle vous permet d'être plus conscient(e) des émotions des autres et de réagir de manière appropriée. Cette conscience émotionnelle est une compétence précieuse dans les relations humaines et dans de nombreux domaines professionnels.

- Comprendre le fonctionnement de votre sensibilité : La sensibilité n'est pas une maladie ou une fragilité, mais une manière différente de percevoir le monde. Se renseigner sur l'hypersensibilité et son impact sur les émotions et les comportements peut vous aider à mieux comprendre vos réactions. Cela vous permet de dédramatiser certaines situations et de savoir quand vous avez besoin de vous protéger ou de prendre du recul.

- Accepter les fluctuations émotionnelles : Les hypersensibles traversent parfois des montagnes russes émotionnelles. Il est essentiel d'apprendre à accepter ces fluctuations comme des phénomènes normaux, propres à votre tempérament. Cela permet de les gérer avec plus de calme et de moins d'autocritique. Au lieu de vous juger sévèrement quand vous traversez des périodes plus émotionnelles, observez-les avec bienveillance, sans les prendre comme une tare.

Valoriser sa sensibilité comme un atout

Une fois que vous avez accepté votre sensibilité, il devient essentiel de la valoriser. C'est cette sensibilité qui vous permet de capter des subtilités que d'autres peuvent ignorer, de ressentir des émotions profondes et de nourrir des relations authentiques. C'est aussi un puissant moteur créatif, qui vous permet de produire des œuvres, des idées ou des solutions inspirantes.

- Rechercher des environnements bienveillants : Pour qu'une sensibilité soit pleinement valorisée, il est crucial de s'entourer d'un environnement qui reconnaît cette qualité. Cela signifie chercher des relations et des environnements (personnels ou professionnels) où votre sensibilité est perçue comme une richesse, et non comme un défaut. Identifiez les personnes qui vous comprennent et qui vous respectent, et cultivez ces relations.

- Utiliser votre sensibilité dans votre travail ou vos passions : Dans de nombreux domaines créatifs ou humanitaires, la sensibilité est un atout majeur. Elle vous permet de développer une vision unique, de créer des œuvres ou des produits qui touchent profondément les autres. Si vous travaillez dans un domaine axé sur l'empathie (comme le soin, l'enseignement, la psychologie ou les métiers artistiques), votre capacité à vous connecter avec les émotions des autres peut être un atout précieux. Apprenez à reconnaître et à exploiter cette dimension de votre personnalité dans ce que vous faites au quotidien.

- Mettre en avant vos compétences émotionnelles : Les hypersensibles ont une intelligence émotionnelle développée. Ils sont capables de comprendre, d'analyser et de gérer les émotions de manière plus nuancée. Valorisez cette compétence dans vos relations personnelles et professionnelles. Dans un environnement de travail, par exemple, votre capacité à comprendre les besoins émotionnels de vos collègues ou clients peut vous permettre de mieux répondre à leurs attentes, de favoriser des environnements de travail plus humains et de résoudre des conflits avec plus de finesse.

Développer l'auto-compassion et la bienveillance

L'un des plus grands obstacles à l'amour de soi pour un hypersensible réside dans une tendance à l'autocritique excessive. Cette autocritique provient souvent de l'idée fausse que votre sensibilité vous rend « moins » que les autres. En cultivant l'auto-compassion, vous pouvez changer ce discours intérieur. L'auto-compassion consiste à se traiter avec la même gentillesse et la même patience que vous offririez à un ami cher qui traverse une période difficile.

- Pratiquer l'auto-affirmation : L'auto-affirmation consiste à reconnaître et à valoriser vos qualités et vos réussites, grandes ou petites. Cela vous aide à construire une image positive de vous-même et à remplacer les pensées négatives par des affirmations qui renforcent votre estime de soi. Par exemple, chaque fois que vous ressentez une émotion forte, félicitez-vous d'être capable de la ressentir profondément et de la comprendre. Chaque émotion vécue est une occasion d'en apprendre davantage sur vous-même et sur les autres.
- Offrir des moments de calme et de solitude : La sensibilité peut être épuisante, surtout dans un environnement bruyant ou émotionnellement chargé. Il est important d'aménager des moments de solitude pour vous ressourcer, sans culpabilité. Ces moments de pause vous permettent de vous recentrer, de faire le vide et de recharger vos batteries émotionnelles.

BIEN-ÊTRE PERSONNEL

Renforcer l'estime de soi par des actions concrètes

Apprendre à aimer sa sensibilité passe également par des actions concrètes qui renforcent votre confiance en vous et votre estime de soi. Chaque petite victoire dans ce processus d'acceptation et de valorisation de vous-même contribue à ancrer cette image positive.

- S'engager dans des activités qui nourrissent votre âme : Que ce soit par l'art, la nature, la méditation ou l'échange avec des personnes inspirantes, trouvez des activités qui vous reconnectent à vous-même et vous permettent de vous sentir bien dans votre peau. Ces moments de joie et de bien-être renforcent votre sentiment de valeur et vous aident à apprécier votre sensibilité.

- Se fixer des objectifs réalistes et alignés avec vos valeurs : Il est essentiel de développer des projets qui vous sont propres et qui sont en harmonie avec votre personnalité et vos valeurs. Cela vous permet de vous épanouir dans un cadre qui vous correspond pleinement, en utilisant votre sensibilité comme moteur d'accomplissement et de réalisation.

———————— ♥ ————————

Apprendre à vous aimer et à valoriser votre sensibilité est une démarche libératrice. Elle vous permet de transformer ce que vous percevez parfois comme un handicap en une ressource précieuse et un atout unique. En prenant conscience de la beauté de votre sensibilité, en l'acceptant et en la cultivant, vous créez un espace intérieur où vous pouvez vous épanouir pleinement. En valorisant cette part de vous-même, vous permettez non seulement à votre bien-être personnel de se renforcer, mais vous offrez également au monde une version authentique de vous-même, plus forte, plus sereine et plus créative.

RELATIONS NUMÉRIQUES ET MÉDIAS SOCIAUX :

NAVIGUER AVEC SÉRÉNITÉ

RELATIONS NUMÉRIQUES ET MÉDIAS SOCIAUX

Comment gérer l'impact émotionnel des réseaux sociaux et des actualités négatives ?

Dans un monde de plus en plus connecté, les réseaux sociaux et l'accès constant aux actualités façonnent nos journées. Cependant, pour une personne hypersensible, cette immersion numérique peut rapidement devenir une source de stress, d'angoisse et de surcharge émotionnelle. Les images, récits ou discussions négatives amplifient souvent leur impact en raison de la réceptivité accrue des hypersensibles aux émotions. Gérer cet impact nécessite des stratégies concrètes pour préserver son équilibre tout en restant informé.

Prendre conscience de son seuil émotionnel

L'une des premières étapes consiste à reconnaître comment les contenus numériques affectent votre bien-être. Certaines personnes se sentent bouleversées après avoir vu des nouvelles déprimantes ou confrontantes sur les réseaux sociaux, tandis que d'autres se sentent submergées par le ton agressif des débats en ligne.

- **Observer ses réactions émotionnelles :** Notez ce qui provoque des émotions négatives — actualités, publications, discussions. Identifiez les moments où l'exposition devient pesante et le type de contenu qui déclenche ces sentiments.
- **Différencier l'informé du surinformé :** Être informé ne signifie pas consommer chaque nouvelle à tout instant. Apprenez à différencier ce qui est nécessaire pour comprendre le monde de ce qui ne fait qu'alimenter votre anxiété.

Développer une consommation intentionnelle

RELATIONS NUMÉRIQUES ET MÉDIAS SOCIAUX

L'un des meilleurs moyens de réduire l'impact émotionnel des réseaux sociaux est de structurer votre consommation en ligne de manière réfléchie et intentionnelle.

- **Limiter le temps d'exposition :** Fixez des plages horaires pour consulter les actualités et limitez les durées sur les réseaux sociaux. Par exemple, consultez les informations une fois par jour, le matin ou à un moment où vous êtes émotionnellement stable, plutôt que juste avant de dormir.
- **Sélectionner des sources fiables et modérées :** Optez pour des sources qui offrent une vue d'ensemble équilibrée plutôt que des titres sensationnalistes. Suivre des comptes ou des médias qui présentent des informations positives ou constructives peut également diminuer le poids émotionnel de la consommation d'actualités.
- **Désactiver les notifications :** Les notifications permanentes augmentent la surcharge mentale et émotionnelle. Coupez-les pour réduire les interruptions et éviter les sollicitations constantes.

Créer une distance émotionnelle avec le contenu

Pour un hypersensible, apprendre à se protéger émotionnellement est essentiel face à la charge des informations négatives.

- **Pratiquer la distanciation cognitive :** Lorsque vous êtes confronté(e) à une actualité difficile, rappelez-vous que ressentir de l'empathie pour une situation ne signifie pas que vous devez porter le poids de sa résolution. Vous pouvez rester compatissant(e) sans vous laisser consumer par les émotions négatives qu'elle suscite.
- **Éviter les spirales de commentaires :** Les sections de

commentaires sur les réseaux sociaux ou les forums en ligne peuvent souvent devenir des espaces de conflit ou de négativité. Limitez le temps passé à lire ou à interagir dans ces espaces.
- **Se concentrer sur ce qui est contrôlable :** Face aux nouvelles déprimantes, demandez-vous si vous pouvez agir. Si oui, envisagez de poser une action, aussi petite soit-elle (comme un don, une pétition ou une discussion constructive). Si non, laissez-vous le droit de lâcher prise.

Créer un espace numérique positif

Aménager vos flux numériques pour qu'ils reflètent des valeurs positives et inspirantes peut transformer votre expérience en ligne.

- **Suivre des contenus inspirants :** Remplissez vos abonnements de comptes qui vous apportent joie, inspiration ou apaisement. Cela peut inclure des créateurs qui partagent des messages motivants, des images apaisantes, ou encore des conseils bienveillants.
- **Utiliser les réseaux sociaux pour apprendre ou partager :** Redirigez votre temps passé en ligne vers des activités enrichissantes, comme apprendre une nouvelle compétence ou partager vos propres expériences et talents. Cela peut transformer votre rapport aux plateformes en quelque chose de plus constructif.
- **Faire des pauses detox numériques :** Prendre des pauses régulières (une journée ou même une semaine) loin des réseaux sociaux peut vous permettre de vous recentrer et de diminuer la surcharge émotionnelle.

Développer des pratiques de récupération après l'exposition

RELATIONS NUMÉRIQUES ET MÉDIAS SOCIAUX

Développer des pratiques de récupération après l'exposition

Malgré toutes ces précautions, il est normal de ressentir une certaine surcharge après une exposition prolongée. Il est alors essentiel de se recentrer et de se ressourcer.

- **Pratiquer des exercices de recentrage :** La méditation, la respiration consciente ou une courte marche en pleine nature peuvent vous aider à calmer vos émotions et à retrouver un équilibre après une immersion numérique.
- **Exprimer ses ressentis :** Si une information vous a bouleversé(e), parlez-en à une personne de confiance ou écrivez dans un journal. Cela permet d'extérioriser vos émotions au lieu de les laisser s'accumuler.
- **Créer un rituel de transition :** Après une session en ligne, faites une activité qui nourrit votre bien-être, comme écouter de la musique, cuisiner ou lire un livre. Cela aide à dissiper les émotions négatives associées à ce que vous venez de voir.

Gérer l'impact émotionnel des réseaux sociaux et des actualités négatives est une compétence essentielle pour les hypersensibles. En adoptant une consommation intentionnelle, en aménageant des espaces numériques positifs et en pratiquant des stratégies de récupération, il devient possible de rester connecté(e) au monde tout en protégeant son bien-être émotionnel. Vous avez le droit de poser des limites pour préserver votre équilibre sans vous sentir coupé(e) du monde, car en prenant soin de vous, vous serez plus en mesure d'interagir avec les autres et de contribuer de manière constructive.

RELATIONS NUMÉRIQUES ET MÉDIAS SOCIAUX

Quels sont des moyens de réduire la surcharge numérique tout en restant connecté(e) aux autres ?

Dans une ère où la connectivité est omniprésente, réduire la surcharge numérique peut sembler contradictoire lorsqu'on souhaite maintenir des relations sociales actives. Cependant, il est tout à fait possible de trouver un équilibre en adoptant des stratégies qui préservent votre bien-être tout en restant présent(e) pour vos proches et vos réseaux. Voici des moyens concrets pour gérer ce défi efficacement.

Établir des plages horaires dédiées à la connexion

Pour réduire l'impression d'être constamment sollicité(e), organisez votre temps numérique avec intention.

- Programmer des moments pour interagir : Définissez des périodes spécifiques pour répondre à vos messages ou consulter vos plateformes. Par exemple, consacrez 30 minutes en soirée à vos interactions en ligne plutôt que d'y répondre instantanément toute la journée.
- Prioriser les canaux essentiels : Utilisez les plateformes où vos relations importantes sont les plus actives, en limitant l'usage des outils superflus ou chronophages.

Communiquer vos limites numériques

Rester connecté(e) ne signifie pas être disponible 24/7. En exprimant clairement vos besoins, vous pouvez gérer les attentes des autres tout en vous préservant.

RELATIONS NUMÉRIQUES ET MÉDIAS SOCIAUX

- Fixer des attentes claires avec vos proches : Expliquez que, bien que vous soyez disponible, vous avez besoin de moments pour vous déconnecter. Par exemple, prévenez vos amis que vous répondez aux messages dans des délais raisonnables, mais pas instantanément.
- Créer des « zones d'absence numérique » : Désignez des périodes, comme les repas ou le matin, où vous êtes totalement hors ligne. Cette routine peut devenir familière pour vos proches, qui s'y adapteront.

Simplifier vos outils numériques

Le nombre d'applications et de notifications peut contribuer à la surcharge. Rationalisez vos outils pour minimiser la dispersion mentale.

- Désencombrer vos appareils : Supprimez les applications et abonnements non essentiels. Simplifiez vos plateformes de communication en regroupant vos interactions sur deux ou trois outils principaux.
- Filtrer les notifications intelligemment : Activez les alertes uniquement pour les messages ou notifications prioritaires. Pour les autres, programmez des moments précis pour les consulter.

Créer des espaces de connexion qualitative

Plutôt que de multiplier les interactions superficielles, concentrez-vous sur des échanges qui renforcent réellement vos relations et nourrissent votre bien-être.

- Favoriser les échanges individuels ou de petits groupes : Au lieu de répondre à des dizaines de publications ou commentaires, privilégiez

RELATIONS NUMÉRIQUES ET MÉDIAS SOCIAUX

des conversations privées ou des appels avec vos proches. Ces interactions sont souvent plus enrichissantes émotionnellement.
- Adopter une communication intentionnelle : Posez des questions significatives ou partagez des nouvelles importantes pour instaurer des échanges sincères. Cela permet de construire des liens plus profonds avec moins d'efforts émotionnels.

Instaurer des pauses régulières

Même en restant connecté(e), des pauses fréquentes et bien intégrées permettent d'éviter la surcharge cognitive.

- Appliquer la règle du 20-20-20 : Toutes les 20 minutes de temps d'écran, regardez un objet à 20 pieds (6 mètres) pendant 20 secondes pour reposer vos yeux et votre esprit.
- Pratiquer des micro-pausettes numériques : Quittez les écrans pendant 5 à 10 minutes après chaque session pour respirer, marcher ou boire de l'eau. Cela vous aide à vous recentrer avant de reprendre.

Cultiver des relations hors ligne

Une connexion en ligne équilibrée commence souvent par des relations solides dans la vie réelle.
- Organiser des rendez-vous en personne : Planifiez régulièrement des moments avec vos proches en dehors du numérique. Ces rencontres diminuent votre dépendance aux outils numériques pour rester connecté(e).
- Créer des traditions sans écran : Proposez des activités communes, comme des jeux de société, des repas partagés ou des promenades, qui renforcent vos liens sans solliciter votre espace numérique.

RELATIONS NUMÉRIQUES ET MÉDIAS SOCIAUX

Utiliser la technologie comme un soutien, pas une charge

La technologie elle-même peut devenir un allié dans votre démarche pour éviter la surcharge tout en restant connecté(e).

- Adopter des outils de gestion du temps : Utilisez des applications comme des minuteries ou des bloqueurs d'écran pour limiter la durée passée sur les plateformes.
- Programmer des rappels de pause : Configurez des alertes pour vous rappeler de décrocher ou d'effectuer des activités physiques entre deux sessions numériques.

Réduire la surcharge numérique tout en maintenant des relations solides repose sur un juste équilibre entre intentionnalité, qualité des échanges et respect de vos besoins. En structurant vos interactions numériques, en instaurant des pauses régulières et en privilégiant des relations enrichissantes, vous pouvez préserver votre énergie émotionnelle tout en restant présent(e) pour vos proches. Ce choix conscient vous permettra de tirer le meilleur de votre vie connectée tout en minimisant son impact négatif.

Comment transformer les réseaux sociaux en une source d'inspiration plutôt qu'en une source de stress ?

Les réseaux sociaux, bien qu'envahissants et parfois sources de pression, peuvent également devenir des espaces d'épanouissement et d'inspiration si l'on adopte une approche réfléchie et stratégique. Voici des pratiques concrètes pour transformer votre expérience numérique en un moteur positif, tout en évitant les pièges du stress et de la comparaison.

RELATIONS NUMÉRIQUES ET MÉDIAS SOCIAUX

Trouver un environnement numérique inspirant

Pour que vos flux nourrissent votre créativité et votre bien-être, veillez à ce qu'ils soient alignés avec vos intérêts et vos valeurs.

- Suivre des comptes alignés avec vos passions : Identifiez des créateurs de contenu, des organisations ou des influenceurs qui diffusent des messages motivants, éducatifs ou artistiques. Par exemple, abonnez-vous à des pages sur la nature, l'art, la psychologie positive ou des sujets qui élèvent votre esprit.
- Supprimer ou masquer les sources de stress : N'hésitez pas à désabonner, bloquer ou masquer les comptes qui suscitent des émotions négatives, comme l'envie ou l'irritation. Cette action améliore immédiatement votre expérience.

Éviter la comparaison excessive

Les réseaux sociaux sont souvent des vitrines embellies de la vie des autres. Reconnaître cette distorsion est essentiel pour s'en protéger.

- Prendre du recul sur les contenus : Rappelez-vous que ce que vous voyez en ligne est souvent le « meilleur » de la vie des gens, soigneusement sélectionné et édité.
- Concentrer votre attention sur votre propre chemin : Au lieu de vous comparer, utilisez les réussites des autres comme des exemples ou des inspirations pour atteindre vos propres objectifs, à votre rythme.

Créer activement plutôt que consommer passivement

Passer d'un rôle passif à actif peut changer votre perception des réseaux

RELATIONS NUMÉRIQUES ET MÉDIAS SOCIAUX

sociaux en les transformant en un espace de créativité et d'expression.

- Partager des contenus positifs ou personnels : Postez des photos, des réflexions ou des créations qui reflètent vos valeurs et vos passions. Cela attire une communauté alignée avec votre personnalité.
- Participer à des défis ou initiatives constructives : Engagez-vous dans des projets en ligne comme des défis créatifs, des groupes de lecture ou des actions solidaires. Ces activités renforcent un sentiment d'accomplissement et d'appartenance.

Limiter le temps consacré aux réseaux sociaux

Une consommation excessive peut renforcer le stress. Contrôlez votre usage pour en tirer des bénéfices sans subir les inconvénients.

- Définir des limites claires : Utilisez des applications pour limiter le temps passé sur certaines plateformes (par exemple, 30 minutes par jour pour Instagram).
- Privilégier des moments spécifiques : Réservez des moments précis dans la journée pour consulter vos réseaux, comme après une activité productive ou en guise de pause inspirante.

Adopter une posture de gratitude et d'ouverture

Aborder les réseaux sociaux avec une attitude positive favorise une expérience enrichissante.

- Exprimer votre gratitude publiquement ou en privé : Commentez de manière authentique et bienveillante les contenus qui vous touchent. Cela crée des échanges positifs avec leurs auteurs.

- Explorer de nouveaux horizons : Suivez des comptes qui élargissent votre perspective, comme des cultures différentes, des disciplines scientifiques ou des récits inspirants de résilience.

Rechercher et rejoindre des communautés bienveillantes

Les réseaux sociaux regorgent de communautés positives où l'entraide et le partage sont au cœur des interactions.

- Participer à des groupes alignés avec vos sensibilités : Rejoignez des forums ou des groupes thématiques dédiés à vos centres d'intérêt (art, hypersensibilité, bien-être). Ces espaces peuvent devenir des sources inestimables de soutien et de motivation.
- Partager vos expériences personnelles : En étant authentique dans vos échanges, vous attirerez des interactions profondes et respectueuses.

Incorporer des pauses numériques régulières

Pour mieux apprécier les aspects inspirants des réseaux sociaux, alternez entre connexion et déconnexion.

- Planifier des « détox numériques » : Prenez une journée ou une semaine loin des plateformes pour vous recentrer sur d'autres sources d'inspiration (livres, nature, relations).
- Intégrer des rituels hors ligne : Prenez le temps, chaque jour, de vous inspirer par des moyens traditionnels comme la lecture, l'écriture ou la méditation.

DÉVELOPPEMENT PERSONNEL :

FAIRE DE L'HYPERSENSIBILITÉ UNE FORCE

Quels outils de développement personnel sont les plus adaptés aux hypersensibles ?

Les hypersensibles bénéficient particulièrement des outils de développement personnel qui leur permettent de canaliser leur énergie émotionnelle, de cultiver la sérénité et de mieux comprendre leurs ressentis. La méditation, le journaling et la pleine conscience sont trois pratiques incontournables pour enrichir leur quotidien, réduire le stress et renforcer leur bien-être global. Voici comment les utiliser efficacement.

Méditation : Apaiser et recentrer son esprit

La méditation est un outil puissant pour calmer les pensées envahissantes, un défi fréquent chez les hypersensibles. Elle permet de cultiver un état de tranquillité intérieure et de renforcer la résilience face aux sollicitations émotionnelles.

- **Choisir la bonne technique :**

  - **Méditation guidée** : Idéale pour débuter, elle accompagne l'utilisateur avec des instructions vocales qui le dirigent vers un état de relaxation profonde.
  - **Méditation de pleine conscience (Mindfulness)** : Elle invite à observer ses pensées et émotions sans jugement, en se concentrant sur l'instant présent.
  - **Méditation axée sur la respiration** : Cette approche simple, qui consiste à focaliser son attention sur le souffle, est parfaite pour calmer rapidement l'esprit lors de situations stressantes.

DÉVELOPPEMENT PERSONNEL

- **Conseils pratiques :**
    - Commencez par des sessions courtes de 5 à 10 minutes par jour.
    - Créez un espace dédié au calme, avec une lumière tamisée et un environnement sans distractions.
    - Utilisez des applications (comme Headspace ou Insight Timer) pour trouver des méditations spécifiques adaptées à la gestion de l'hypersensibilité.

Journaling : Comprendre et exprimer ses émotions

Le journaling (ou tenue d'un journal) est particulièrement adapté aux hypersensibles pour libérer leurs émotions, clarifier leurs pensées et identifier les schémas récurrents dans leurs réactions.

- **Pourquoi écrire est efficace :**
    - Mettre des mots sur ses émotions aide à les apprivoiser et à les désamorcer.
    - Relire ses écrits permet de mieux comprendre ses déclencheurs émotionnels et de constater ses progrès personnels.

- **Techniques de journaling :**
    - Journal d'émotions : Chaque jour, notez les événements marquants et les émotions associées. Par exemple : "Aujourd'hui, j'ai ressenti de la frustration parce que..."
    - Écriture intuitive : Laissez couler vos pensées sur le papier sans chercher à les structurer. Cette méthode aide à libérer les blocages émotionnels inconscients.
    - Liste de gratitude : Écrivez trois choses pour lesquelles vous êtes reconnaissant(e) chaque soir. Cette pratique cultive un état d'esprit positif et renforce la résilience.

- **Conseils pratiques :**
  - Écrivez dans un cahier dédié pour créer un rituel personnel.
  - Essayez d'écrire à des moments fixes, comme le matin ou avant de dormir, pour ancrer cette habitude dans votre routine.

Pleine conscience : Être présent dans l'instant

La pleine conscience consiste à diriger son attention sur le moment présent, en accueillant chaque sensation, pensée ou émotion sans jugement. Elle est particulièrement bénéfique pour les hypersensibles, souvent submergés par un flux incessant de stimulations.

- **Exercices simples de pleine conscience** :
  - **Scan corporel** : Allongez-vous et concentrez-vous sur chaque partie de votre corps, en observant les sensations sans chercher à les modifier. Cet exercice apaise l'esprit et reconnecte à l'instant présent.
  - **Observation des sensations** : Pendant une tâche quotidienne (manger, marcher, boire du thé), focalisez-vous sur les détails : goûts, odeurs, textures ou sons. Cela vous aide à sortir du "pilotage automatique" pour savourer pleinement l'instant.
  - **Pause de pleine conscience** : Prenez une minute dans votre journée pour vous concentrer sur votre respiration et observer calmement vos pensées.

- **Intégration dans le quotidien** :
  - Prenez quelques instants de pleine conscience avant une réunion ou une interaction stressante.
  - Utilisez des rappels visuels ou des applications pour intégrer des pauses régulières dans votre routine.

Combinaison de ces outils :
Une synergie pour un mieux-être global

Pour les hypersensibles, ces trois outils ne sont pas exclusifs : ils se complètent et peuvent être utilisés de manière combinée.

- **Exemple d'une routine quotidienne :**
    - Le matin, commencez par 10 minutes de méditation pour démarrer la journée avec clarté.
    - En fin de journée, pratiquez le journaling pour analyser vos ressentis et mettre vos émotions en perspective.
    - Tout au long de la journée, appliquez des exercices de pleine conscience pour éviter la surcharge émotionnelle et maintenir votre équilibre.

- **Astuce d'adaptation :** Si vous manquez de temps, adaptez la durée de chaque pratique. Même quelques minutes suffisent pour en ressentir les bienfaits.

Les erreurs à éviter

Bien que ces outils soient puissants, ils peuvent perdre leur efficacité s'ils ne sont pas utilisés correctement.

- **Vouloir tout faire en même temps :** Introduisez un outil à la fois pour éviter de vous submerger.

- **Être trop perfectionniste :** Ces pratiques ne doivent pas devenir une source de stress. Acceptez que certains jours soient moins productifs que d'autres.

- **Manquer de régularité :** La clé de ces outils est la constance. Mieux vaut une pratique courte mais régulière qu'une session longue et sporadique.

Les hypersensibles peuvent transformer leur sensibilité en une véritable force grâce à des outils tels que la méditation, le journaling et la pleine conscience. En les adaptant à leurs besoins spécifiques et en les intégrant de manière régulière dans leur routine, ils peuvent apaiser leur esprit, renforcer leur compréhension émotionnelle et cultiver un bien-être durable. Ces pratiques, accessibles et efficaces, deviennent ainsi des piliers d'un développement personnel réussi.

Comment cultiver la confiance en soi et transformer ma sensibilité en un levier d'épanouissement personnel ?

L'hypersensibilité, souvent perçue comme une vulnérabilité, peut devenir un puissant moteur d'épanouissement personnel si elle est valorisée et utilisée de manière constructive. Cultiver la confiance en soi en tant qu'hypersensible passe par une meilleure compréhension de sa nature, le développement de ses forces uniques et la mise en place d'actions concrètes pour transformer cette sensibilité en un véritable atout.

Repenser la sensibilité comme une force et non une faiblesse

Les hypersensibles ont tendance à considérer leur réactivité émotionnelle comme un fardeau. Cependant, cette sensibilité est également une source d'intuition, d'empathie et de créativité.

- **Changer de perspective :**
  - Reconnaissez les moments où votre sensibilité vous a permis d'aider, de comprendre ou de créer quelque chose de significatif.
  - Réalisez que votre réceptivité aux émotions et aux détails est une compétence recherchée dans de nombreux domaines, comme les relations humaines, l'art, ou les professions de soin.

- **Identifiez vos points forts :**
  - Listez vos qualités liées à l'hypersensibilité, comme votre capacité à détecter des nuances, à anticiper les besoins des autres, ou à ressentir profondément la beauté du monde.
  - Associez ces qualités à des réussites spécifiques dans votre vie personnelle ou professionnelle.

Construire une base solide de confiance en soi

La confiance en soi ne se construit pas du jour au lendemain, mais grâce à des petites victoires quotidiennes. Pour un hypersensible, il est essentiel de bâtir une estime de soi fondée sur l'acceptation de sa singularité.

- **Se fixer des objectifs réalistes :**
  - Commencez par des étapes modestes mais concrètes, comme exprimer une opinion dans un groupe ou prendre un moment pour affirmer vos besoins.
  - Célébrez chaque réussite, même petite, pour renforcer votre sentiment de compétence.

- **Pratiquer l'autocompassion :**
  - Traitez-vous avec bienveillance lorsque vous ressentez des émotions intenses ou des doutes. Évitez de vous juger sévèrement pour vos réactions.
  - Rappelez-vous que les erreurs ou les moments de vulnérabilité sont une opportunité d'apprentissage.

- **Construire des affirmations positives :**
  - Remplacez les pensées limitantes ("Je suis trop sensible pour gérer ça") par des affirmations valorisantes ("Ma sensibilité me donne une perspective unique").
  - Notez ces affirmations et relisez-les régulièrement, notamment lors de moments de doute.

Transformer la sensibilité en un levier d'épanouissement

L'hypersensibilité peut devenir une ressource puissante pour avancer dans la vie avec authenticité et épanouissement.

- **Tirer parti de votre intuition :**
  - Utilisez votre sensibilité pour prendre des décisions alignées avec vos valeurs. Si une situation ou une personne ne "résonne" pas bien en vous, faites confiance à votre ressenti.
  - Pratiquez la méditation ou des moments de réflexion pour affiner votre capacité à écouter vos instincts.

- **Exploiter votre créativité :**
  - Engagez-vous dans des activités qui vous permettent d'exprimer vos émotions, comme l'écriture, le dessin, la musique ou tout autre projet créatif.

DÉVELOPPEMENT PERSONNEL

- Transformez les défis émotionnels que vous rencontrez en une source d'inspiration pour créer et innover.

- **Apprendre à dire non :**
    - Votre sensibilité vous pousse peut-être à vouloir plaire ou éviter les conflits, mais apprendre à poser des limites est crucial pour préserver votre énergie.
    - Dites "non" avec bienveillance, en expliquant vos raisons si nécessaire, et rappelez-vous que protéger votre bien-être n'est pas un acte égoïste.

Développer un environnement de soutien

Un environnement bienveillant est un catalyseur pour cultiver la confiance en soi et valoriser sa sensibilité.

- **S'entourer de personnes inspirantes** :
    - Recherchez des relations avec des individus qui apprécient votre sensibilité et vous encouragent à être vous-même.
    - Évitez les interactions avec des personnes qui dévalorisent ou exploitent votre nature sensible.

- **Trouver des modèles inspirants** :
    - Lisez des biographies ou suivez des figures publiques qui partagent des traits similaires et ont transformé leur sensibilité en force.
    - Identifiez des mentors ou des groupes de soutien où vous pouvez échanger et apprendre.

- **Créer un espace sûr pour s'épanouir :**

- Développez un espace physique (comme un coin de lecture ou un atelier créatif) et un espace mental (grâce à des pratiques apaisantes) où vous pouvez vous ressourcer et nourrir votre confiance.

Les actions concrètes pour renforcer votre confiance

Exercices de visualisation positive :
Chaque matin, imaginez-vous en train de relever un défi de manière confiante. Ressentez l'émotion de la réussite et laissez cette énergie guider votre journée.

Participer à des activités qui reflètent vos forces :
Impliquez-vous dans des projets ou des causes qui mettent en valeur vos qualités, comme le bénévolat, la création ou les activités collaboratives.

Développer des compétences spécifiques :
Inscrivez-vous à des formations ou des ateliers qui renforcent votre sentiment de maîtrise, comme la prise de parole en public ou des cours d'écriture.

Cultiver la confiance en soi en tant qu'hypersensible, c'est apprendre à reconnaître la richesse de sa nature, à s'entourer des bonnes influences et à transformer ses particularités en leviers pour grandir. En intégrant des pratiques bienveillantes et des actions concrètes à votre quotidien, vous découvrirez que votre sensibilité n'est pas seulement une caractéristique, mais une source inestimable de force et d'épanouissement.

DÉVELOPPEMENT PERSONNEL

Comment m'entourer d'influences positives et de personnes inspirantes pour m'aider à m'épanouir ?

Pour un hypersensible, l'environnement social est un facteur déterminant dans son épanouissement personnel. L'entourage joue un rôle clé en nourrissant ou en épuisant nos ressources émotionnelles. S'entourer de personnes qui comprennent, soutiennent et valorisent votre sensibilité est essentiel pour rester équilibré, motivé et inspiré. Voici des stratégies concrètes pour créer un réseau d'influences positives, en vous entourant de personnes qui vous élèvent et vous encouragent à exploiter tout votre potentiel.

Identifier les personnes qui partagent vos valeurs et aspirations

Le premier pas vers un entourage positif est d'identifier les personnes dont les valeurs, les croyances et les objectifs s'alignent avec les vôtres.

- **Reconnaître les compatibilités profondes :**
  - Entourez-vous de personnes qui respectent votre sensibilité et comprennent son importance dans votre vie. Cela inclut des amis, des partenaires et des collègues qui favorisent un environnement de confiance.
  - Recherchez ceux qui valorisent l'écoute active, l'empathie et la bienveillance, et qui savent vous encourager sans vous juger.

- **Chercher des modèles inspirants :**
  - Identifiez des mentors ou des modèles dans des domaines qui vous passionnent, qu'il s'agisse d'art, de développement personnel ou de leadership. Ces personnes peuvent vous inspirer

par leur parcours et leur sagesse.

- **Participer à des groupes de discussion ou des événements inspirants :**
  - Rejoignez des groupes ou des communautés qui partagent vos intérêts et aspirations. Ces échanges vous permettront de rencontrer des individus qui vous stimulent et qui nourrissent votre vision du monde.

Éviter les relations toxiques et drainantes

Les hypersensibles ont souvent tendance à attirer des personnes énergivores ou négatives. Il est primordial de savoir identifier et s'éloigner de ces relations.

- **Reconnaître les signes de relations toxiques :**
  - Méfiez-vous des personnes qui minimisent vos émotions, qui sont constamment dans le jugement ou qui vous laissent épuisé(e) après chaque interaction.
  - Apprenez à poser des limites fermes et à vous distancer de ceux qui nuisent à votre bien-être émotionnel, même s'ils font partie de votre entourage depuis longtemps.

- **Adopter une approche proactive :**
  - Cultivez des relations avec ceux qui sont positifs, motivants et qui ont un état d'esprit de croissance personnelle.
  - Il est essentiel de comprendre que vous avez le droit de choisir les personnes avec lesquelles vous partagez votre énergie.

DÉVELOPPEMENT PERSONNEL

Valoriser les relations basées sur l'authenticité

Les hypersensibles ont un besoin profond de relations authentiques et sincères. Cela crée un environnement sûr où il est possible de s'épanouir pleinement.

- **Favoriser la transparence et l'authenticité :**
  - Entourez-vous de personnes qui sont prêtes à être elles-mêmes sans artifices. La véritable connexion se fait lorsque vous pouvez être totalement vous-même sans peur d'être jugé(e).
  - Créez des liens profonds en partageant vos émotions et vos expériences, et en offrant un espace pour les autres afin qu'ils puissent faire de même.

- **Privilégier les conversations significatives :**
  - Favorisez les échanges qui nourrissent votre esprit, qu'il s'agisse de discussions sur la croissance personnelle, l'art, la philosophie ou des sujets qui vous passionnent.
  - Évitez les conversations superficielles ou négatives qui ne font que consommer votre énergie sans vous apporter de valeur.

S'inspirer de personnes créatives et ouvertes d'esprit

Les individus créatifs et ouverts à de nouvelles idées peuvent être des catalyseurs puissants pour votre propre développement.

- **S'entourer de personnes qui stimulent votre imagination :**
  - Recherchez des personnes qui osent penser différemment et qui vous encouragent à sortir des sentiers battus. Ces personnes apportent un regard neuf et un enthousiasme contagieux.

- Les créateurs, les artistes, les entrepreneurs ou même les personnes qui ont une passion authentique pour la vie sont souvent des sources d'inspiration pour un hypersensible en quête de sens et d'innovations.

- **Participer à des activités créatives collectives :**
  - Joignez-vous à des ateliers, des séminaires ou des projets collectifs où vous pouvez apprendre et grandir ensemble. Ces environnements enrichissent non seulement votre propre créativité, mais aussi votre bien-être.

Construire des relations sur la base de la confiance et du soutien mutuel

Les relations fondées sur le soutien mutuel sont essentielles pour un hypersensible. Cela vous permet de vous épanouir dans un environnement de bienveillance.

- **Renforcer les liens de soutien mutuel :**
  - Entourez-vous de personnes prêtes à vous soutenir dans les moments difficiles et qui vous apportent une énergie positive, sans chercher à vous exploiter.
  - Les relations équilibrées sont basées sur la réciprocité, où chacun apporte et reçoit un soutien sincère.

- **Encourager un cercle d'encouragement :**
  - Créez un petit groupe de personnes avec qui vous pouvez partager vos réussites et vos difficultés. Ces cercles de soutien peuvent inclure des amis proches, des collègues ou des groupes en ligne.

- Un réseau d'encouragement mutuel vous aidera à rester motivé(e) et à renforcer votre confiance en vous.

Prendre des initiatives pour établir des relations profondes et enrichissantes

Il ne s'agit pas seulement de recevoir des influences positives, mais aussi de contribuer activement à construire un environnement enrichissant.

- **Prendre l'initiative de créer des liens forts :**
  - Faites un effort conscient pour organiser des rencontres ou des événements sociaux qui permettent de nouer des relations durables et authentiques.
  - Exprimez-vous ouvertement, mais aussi écoutez activement les autres. L'échange réciproque nourrit une relation de confiance et de respect mutuel.

- **Cultiver la bienveillance envers soi-même :**
  - Apprenez à vous entourer de personnes qui vous respectent tel que vous êtes, et qui reconnaissent la valeur de votre sensibilité. Vous devez d'abord vous donner l'autorisation d'être vous-même avant de pouvoir vous entourer des bonnes personnes.

S'entourer de personnes inspirantes commence par choisir des individus alignés avec vos valeurs, tout en évitant les influences toxiques, y compris dans le numérique. En cultivant des liens authentiques, en sélectionnant avec soin vos interactions en ligne et en recherchant des environnements créatifs, vous transformez votre hypersensibilité en atout, pour une vie plus équilibrée et épanouie.

DÉVELOPPEMENT PERSONNEL

 Clés pour une Consommation Numérique Consciente

1 - Définissez des Intentions Claires

Avant de vous connecter, demandez-vous : "Pourquoi suis-je en ligne ?" Fixer une intention vous évite de tomber dans des comportements automatiques ou chronophages.

2 - Créez un Environnement Digital Positif

Désabonnez-vous des comptes et contenus qui déclenchent des émotions négatives ou vous font perdre du temps. Privilégiez ceux qui vous inspirent et élèvent votre énergie.

3 - Établissez des Limites de Temps

Utilisez des outils comme des minuteries ou des applications de gestion du temps pour encadrer votre utilisation des écrans.

4 - Pratiquez la Déconnexion Régulière

Instaurez des moments sans technologie dans votre journée, comme une soirée sans écran ou une journée "off" chaque semaine.

5 - Utilisez le Numérique comme Catalyseur d'Épanouissement

Participez à des communautés en ligne positives, suivez des formations ou consommez du contenu qui enrichit vos compétences et nourrit vos passions.

DÉFIS SPÉCIFIQUES DES HYPERSENSIBLES :

TROUVER DES SOLUTIONS ADAPTÉES

DÉFIS SPÉCIFIQUES DES HYPERSENSIBLES

Comment surmonter un deuil ou une perte sans me sentir trop submergé(e) par mes émotions ?

Le deuil est l'une des expériences les plus douloureuses qu'un être humain puisse traverser. Pour les hypersensibles, cette épreuve peut être d'autant plus complexe, car leurs émotions sont souvent vécues de manière plus intense et plus profonde que chez d'autres. La gestion de la perte, qu'elle soit liée à un être cher, une relation, ou même une situation, demande un équilibre entre l'expression de la douleur et le maintien d'une certaine stabilité émotionnelle. La clé pour traverser cette épreuve sans se laisser submerger réside dans l'adoption de stratégies adaptées qui permettent de vivre le processus de deuil tout en protégeant son bien-être émotionnel.

Reconnaître et accepter ses émotions

La première étape pour surmonter un deuil sans se laisser engloutir par ses émotions est de reconnaître la profondeur de votre ressenti. Il est essentiel de comprendre que l'hypersensibilité ne doit pas être perçue comme une faiblesse dans ces moments-là, mais plutôt comme une capacité à ressentir pleinement les émotions.

- **Accepter la complexité des émotions :** Le deuil comporte une multitude d'émotions : tristesse, colère, culpabilité, soulagement, confusion... Il n'y a pas de façon « correcte » de vivre un deuil, et les émotions peuvent varier d'un jour à l'autre. Acceptez cette variabilité sans vous juger. Reconnaître et valider vos sentiments permet de les traiter plus sereinement.

- **Donner un espace à chaque émotion :** Permettez-vous de vivre

DÉFIS SPÉCIFIQUES DES HYPERSENSIBLES

chaque émotion pleinement, mais de manière graduelle. Par exemple, une journée peut être marquée par un sentiment de profonde tristesse, tandis qu'une autre vous offrira un peu de calme. Ne vous forcez pas à vous « remettre » rapidement ou à « aller bien » avant d'être prêt(e).

Structurer votre quotidien pour maintenir un ancrage émotionnel

Le sentiment de perte peut provoquer une sensation de déracinement. L'hypersensible peut se retrouver submergé(e) par la tempête émotionnelle si son quotidien n'est pas structuré, ce qui peut aggraver l'instabilité. Afin d'éviter cette dérive, il est essentiel de maintenir des routines et des pratiques qui servent de point d'ancrage.

- **Créer une routine quotidienne apaisante :** Adoptez une routine qui vous aide à gérer les fluctuations émotionnelles. Cela inclut des moments dédiés à la pratique de la méditation, du yoga, de la lecture ou simplement de la marche à l'extérieur. Ces pratiques sont non seulement apaisantes mais vous aident à vous reconnecter à vous-même, à calmer votre esprit et à alléger vos émotions.

- **Gérer le temps et l'espace :** Divisez vos journées en segments de temps afin de maintenir une certaine structure. Par exemple, commencez chaque journée par un moment de calme (méditation ou respiration), et limitez les activités trop épuisantes ou stressantes. Cela permet de trouver un équilibre entre les moments de profonde émotion et les instants plus légers.

DÉFIS SPÉCIFIQUES DES HYPERSENSIBLES

Exprimer ses émotions de manière créative

Les hypersensibles sont souvent plus enclins à exprimer leurs émotions à travers des formes créatives comme l'écriture, l'art ou même la musique. Ces activités permettent de canaliser des émotions intenses tout en offrant une forme de catharsis.

- **Écriture thérapeutique (Journaling) :** Écrire chaque jour peut être un outil très puissant pour traiter le deuil. Prenez du temps pour écrire vos pensées et émotions de manière honnête. Cela aide à clarifier vos sentiments et à voir les choses sous un autre angle. L'écriture peut également être utilisée pour exprimer des messages à la personne disparue, créant ainsi un espace pour le deuil tout en libérant les émotions contenues.

- **Utiliser l'art ou la musique :** Si l'écriture ne vous parle pas, explorez d'autres formes d'expressions créatives. Dessiner, peindre, jouer d'un instrument ou même écouter de la musique thérapeutique peut vous aider à libérer une partie de la charge émotionnelle, en transformant la douleur en une forme de création.

Mettre en place des stratégies de gestion émotionnelle pour éviter le débordement

En tant qu'hypersensible, vous êtes particulièrement susceptible d'être submergé(e) par des vagues émotionnelles. Pour y faire face, il est primordial de mettre en place des techniques de gestion émotionnelle qui permettent de maintenir un équilibre.

DÉFIS SPÉCIFIQUES DES HYPERSENSIBLES

- **La respiration consciente :** La respiration est l'un des outils les plus efficaces pour calmer instantanément le corps et l'esprit. En période de deuil, des exercices de respiration profonde, comme la respiration abdominale ou la méthode de respiration 4-7-8 (4 secondes pour inspirer, 7 secondes pour retenir, 8 secondes pour expirer), peuvent vous aider à réguler vos émotions et à vous ancrer dans l'instant présent.

- **La pleine conscience (Mindfulness) :** La pleine conscience vous aide à rester présent(e) face à vos émotions sans les laisser prendre le contrôle. En prêtant attention à votre respiration, à vos sensations corporelles et en acceptant les émotions au lieu de les fuir, vous apprenez à vivre votre deuil de manière plus consciente et maîtrisée. Des applications comme Headspace ou Calm peuvent être particulièrement utiles pour intégrer ces pratiques dans votre quotidien.

- **La pratique du lâcher-prise :** Accepter que certaines choses échappent à notre contrôle est une étape cruciale du processus de deuil. Au lieu de vouloir contrôler chaque aspect de votre souffrance, laissez les émotions surgir sans jugement. Cette approche peut alléger l'intensité de vos émotions et favoriser un processus de guérison plus doux.

Chercher un soutien social et professionnel adapté

Bien que l'introspection et la gestion individuelle soient des étapes importantes, il est aussi essentiel de ne pas rester isolé(e). Le soutien des autres, qu'il soit social ou professionnel, est crucial dans la traversée du deuil.

DÉFIS SPÉCIFIQUES DES HYPERSENSIBLES

- **Chercher un soutien psychologique :** Si vous sentez que la douleur devient trop accablante, il peut être judicieux de consulter un thérapeute ou un psychologue spécialisé dans le deuil. La thérapie peut vous fournir des outils supplémentaires pour traiter la souffrance et comprendre les mécanismes sous-jacents de vos émotions.

- **Soutien de groupes de soutien ou de proches :** Rejoindre un groupe de soutien, où des personnes ayant vécu des expériences similaires peuvent partager leurs vécus et leurs stratégies d'adaptation, peut être extrêmement bénéfique. L'expression commune de la souffrance peut offrir un soulagement émotionnel et rappeler que vous n'êtes pas seul(e) dans votre parcours.

Surmonter un deuil en tant qu'hypersensible demande du temps, de la patience et une compréhension profonde de soi. En équilibrant l'expression des émotions, l'introspection créative et la gestion consciente du stress, vous pouvez traverser cette épreuve sans vous laisser submerger. Il s'agit de trouver un rythme propre à vous-même, de prendre soin de votre bien-être émotionnel tout en honorant le processus naturel du deuil. En intégrant des outils de régulation émotionnelle et en recherchant un soutien adapté, vous pourrez transformer cette épreuve en une opportunité de guérison et de croissance personnelle.

DÉFIS SPÉCIFIQUES DES HYPERSENSIBLES

Que faire face au sentiment d'isolement ou d'incompréhension de la part de mes proches ?

L'un des défis majeurs pour une personne hypersensible réside dans le sentiment d'isolement, en particulier lorsqu'elle perçoit une incompréhension de ses émotions et de ses besoins. Le manque de soutien ou l'incapacité de ses proches à comprendre la profondeur de ses ressentis peut générer un grand vide émotionnel. Se sentir incompris(e) dans son environnement proche peut intensifier la souffrance, alimentant la solitude et la confusion. Cependant, il est possible de surmonter ce sentiment d'isolement en adoptant des stratégies qui permettent à la fois de mieux communiquer avec son entourage et de protéger son bien-être émotionnel.

Exprimer clairement ses besoins et ses émotions

Le premier pas pour dissiper le sentiment d'isolement est d'essayer de communiquer ouvertement et honnêtement avec vos proches. Les hypersensibles ont souvent des émotions intenses et nuancées, ce qui peut les rendre difficiles à expliquer pour ceux qui ne partagent pas la même sensibilité. Il est donc essentiel de prendre le temps d'exprimer ce que vous ressentez de manière claire et constructive.

- **Choisir le bon moment pour discuter :** Lorsque vous voulez partager vos émotions, assurez-vous de choisir un moment propice, où les autres sont disposés à écouter. Évitez de tenter de parler lorsque vous êtes déjà surchargé(e) émotionnellement, car cela pourrait rendre la conversation plus difficile. Préférez des moments calmes où vous pouvez exposer vos sentiments sans interférence extérieure.

DÉFIS SPÉCIFIQUES DES HYPERSENSIBLES

- **Utiliser des formulations "je" :** Pour éviter que la conversation ne devienne un reproche, il est crucial d'adopter une approche non accusatoire. Par exemple, au lieu de dire « Tu ne comprends jamais ce que je ressens », optez pour « Je me sens souvent incompris(e) quand je partage mes émotions ». Cela permet de faire passer le message sans provoquer une réaction défensive de la part de l'autre.

- **Clarifier vos attentes :** Il est également important de spécifier ce dont vous avez besoin de la part des autres. Par exemple, « Parfois, j'ai juste besoin de quelqu'un qui écoute sans donner de conseils » ou « J'ai besoin de quelques moments seuls pour retrouver mon calme après une situation stressante ». En clarifiant vos attentes, vous aidez vos proches à comprendre comment mieux vous soutenir.

Apprendre à faire face à l'incompréhension

Même après avoir exprimé vos émotions, il se peut que vos proches ne saisissent pas immédiatement la profondeur de votre ressenti. Cela peut être frustrant, mais il est essentiel de garder à l'esprit que la sensibilité émotionnelle, bien que puissante, n'est pas toujours facile à comprendre pour ceux qui ne la vivent pas. Voici quelques stratégies pour faire face à cette incompréhension :

- **Cultiver la patience envers les autres :** Comprendre que l'incompréhension provient souvent d'un manque de familiarité avec l'intensité de votre ressenti est essentiel. Soyez patient(e) et reconnaissez que les autres ont peut-être besoin de temps pour comprendre la façon dont vous vivez le monde. Ne vous attendez pas à ce que les autres changent instantanément leur perception de votre sensibilité.

DÉFIS SPÉCIFIQUES DES HYPERSENSIBLES

- Répéter les messages si nécessaire : Parfois, il faut plusieurs conversations pour que vos proches saisissent la manière dont vous vous sentez. Si vous constatez qu'ils ne comprennent pas immédiatement vos besoins, essayez de réitérer calmement votre ressenti sans vous décourager. Utilisez des métaphores ou des exemples concrets pour rendre vos émotions plus accessibles et tangibles.

Renforcer l'autosuffisance émotionnelle

Face à l'incompréhension ou au manque de soutien de vos proches, il est crucial de développer une autosuffisance émotionnelle qui vous permettra de gérer vos émotions de manière indépendante. Ce processus ne signifie pas vous couper des autres, mais apprendre à mieux vous écouter et à prendre soin de vous-même.

- **Pratiquer l'introspection régulière :** Prenez du temps chaque jour pour réfléchir à vos émotions. Le journaling est un excellent moyen de mettre des mots sur ce que vous ressentez, d'analyser les situations qui vous causent de la souffrance et de trouver des solutions adaptées. Cela vous permet de mieux comprendre vos propres besoins avant de les communiquer aux autres.

- **Renforcer la gestion émotionnelle :** En complément de l'introspection, il est essentiel d'adopter des outils de gestion des émotions comme la pleine conscience ou la méditation. Ces pratiques vous permettent de rester calme face à l'incompréhension des autres, de prendre du recul et de réguler vos émotions, sans vous laisser submerger par elles.

DÉFIS SPÉCIFIQUES DES HYPERSENSIBLES

Rechercher un soutien extérieur

Dans certains cas, l'isolement provient d'une incompréhension profonde de la part des proches, ce qui rend le processus de guérison encore plus difficile. Il peut être utile de chercher un soutien extérieur, plus adapté à vos besoins émotionnels.

- **Rejoindre des groupes de soutien :** Les groupes de soutien en ligne ou en personne, composés de personnes partageant des expériences similaires, peuvent être extrêmement réconfortants. Ces communautés offrent un espace où l'on peut échanger sans crainte d'être jugé(e), et où l'on se sent compris(e). Cela crée un sentiment de solidarité et permet de sortir du cercle de l'isolement.

- **Consulter un thérapeute ou un coach :** Un professionnel peut offrir une perspective objective et vous fournir des outils spécifiques pour faire face à l'incompréhension et au sentiment d'isolement. Le soutien psychologique permet de mieux comprendre vos émotions et de développer des stratégies pour surmonter les obstacles relationnels avec les autres.

Chercher des relations qui nourrissent votre sensibilité

En parallèle de l'effort pour expliquer vos besoins aux proches, il est essentiel de nourrir des relations qui respectent et comprennent votre hypersensibilité. Il s'agit de tisser des liens avec des personnes empathiques qui sauront vous offrir un soutien sans jugement.

- Entretenir des relations authentiques : Passez du temps avec des personnes qui vous comprennent et vous acceptent pleinement, sans

DÉFIS SPÉCIFIQUES DES HYPERSENSIBLES

tenter de vous changer. Parfois, il est plus bénéfique de s'entourer de quelques individus qui vous soutiennent véritablement que de chercher à plaire à un large cercle social. L'authenticité dans les relations crée un climat de confiance, où l'hypersensibilité est perçue comme une force.

Transformer l'isolement en une opportunité de croissance

Le sentiment d'isolement et d'incompréhension peut être lourd à porter, surtout lorsqu'il provient des personnes les plus proches de nous. Cependant, à travers l'expression claire de vos besoins, la pratique de l'introspection et le recours à un soutien adapté, vous pouvez progressivement surmonter cette épreuve.

Ce processus nécessite du temps et de la patience, mais il peut également être une opportunité pour renforcer votre relation à vous-même et pour créer des liens plus profonds avec ceux qui sont capables de vous offrir un soutien véritable.

L'isolement peut ainsi se transformer en une étape vers une plus grande authenticité et une meilleure compréhension de vos besoins émotionnels.

Comment gérer mon hypersensibilité en tant que parent ou dans une famille hypersensible ?

L'hypersensibilité, lorsqu'elle se manifeste dans le cadre familial, peut être à la fois une richesse et un défi. En tant que parent hypersensible, vous êtes particulièrement réceptif aux émotions et aux besoins des autres, ce

DÉFIS SPÉCIFIQUES DES HYPERSENSIBLES

qui peut être une qualité précieuse. Cependant, cette même réceptivité peut rendre la gestion des relations familiales plus complexe, surtout lorsqu'il s'agit de jongler avec les émotions intenses des enfants ou des membres de la famille. Il est donc essentiel de trouver des moyens de canaliser votre hypersensibilité de manière constructive tout en préservant votre bien-être et celui de votre famille.

Reconnaître les émotions sans se laisser submerger

La première étape pour gérer votre hypersensibilité en tant que parent est de reconnaître vos propres émotions et de comprendre qu'elles peuvent être amplifiées par votre sensibilité. En étant constamment attentif aux besoins émotionnels des autres, il est facile de se perdre dans leurs émotions et de négliger les vôtres. Toutefois, cela peut entraîner un épuisement émotionnel et affecter négativement votre capacité à prendre soin de votre famille de manière optimale.

Prendre du recul pour mieux réagir : Lorsque vous ressentez que vos émotions deviennent trop intenses, il est crucial de prendre un moment pour vous recentrer. Cela peut être un simple geste comme respirer profondément, faire une pause ou vous retirer quelques minutes dans une pièce calme. Ces petites actions permettent de créer un espace de régulation émotionnelle et d'éviter que vos émotions ne dictent vos réponses dans des situations tendues.

Différencier vos émotions de celles des autres : En tant que parent hypersensible, il est normal de ressentir profondément les émotions de vos enfants ou de votre partenaire. Cependant, il est important d'établir une frontière claire entre vos émotions et celles des autres. Par exemple, si votre enfant est en crise, il est essentiel de

DÉFIS SPÉCIFIQUES DES HYPERSENSIBLES

distinguer sa souffrance de la vôtre. Cela vous permettra d'agir de manière plus apaisée et rationnelle, sans vous laisser emporter par l'intensité de la situation.

Apprendre à gérer les émotions des enfants sans être envahi

Les enfants, surtout ceux qui sont également hypersensibles, peuvent avoir des réactions émotionnelles très fortes. En tant que parent hypersensible, ces comportements peuvent être particulièrement perturbants, voire accablants. La clé réside dans la capacité à offrir un soutien émotionnel tout en préservant votre propre équilibre intérieur.

- **Modéliser la gestion émotionnelle :** Votre rôle en tant que parent hypersensible est de montrer à vos enfants comment gérer leurs émotions de manière saine et constructive. Par exemple, en cas de crise, vous pouvez leur enseigner des techniques de respiration ou de relaxation, tout en modélisant calmement comment vous gérez vos propres émotions. Les enfants apprennent beaucoup par imitation, et en observant votre approche calme, ils seront plus aptes à adopter des stratégies similaires.

- **Valider les émotions sans s'en laisser affecter :** Lorsqu'un enfant éprouve une émotion intense, la validation de ses sentiments est essentielle. Par exemple, au lieu de minimiser ce qu'il ressent, vous pouvez dire : « Je vois que tu es très en colère. C'est normal d'être en colère parfois, mais voyons comment nous pouvons calmer cela ». Cette approche permet de maintenir un environnement émotionnel sûr tout en évitant de se laisser submerger par la situation.

DÉFIS SPÉCIFIQUES DES HYPERSENSIBLES

Prendre soin de soi pour mieux s'occuper des autres

Être un parent hypersensible peut parfois mener à l'épuisement, car vous pouvez vous sentir constamment sollicité(e) par les besoins émotionnels des autres. Cela peut conduire à une sensation de vide émotionnel, ce qui affecte non seulement votre bien-être, mais aussi votre capacité à être présent pour votre famille.

- **Instaurer des moments de ressourcement quotidien :** Il est primordial de prendre du temps pour vous-même, même si cela semble difficile au début. Que ce soit par la méditation, un hobby personnel ou tout simplement quelques minutes de solitude chaque jour, ces moments de ressourcement sont essentiels pour votre bien-être émotionnel. En prenant soin de vous, vous êtes mieux à même de répondre aux besoins de vos enfants ou des autres membres de votre famille.

- **Demander du soutien et accepter de l'aide :** Un autre aspect crucial est de reconnaître que vous ne devez pas tout gérer seul(e). Si vous sentez que la charge émotionnelle devient trop lourde, n'hésitez pas à demander de l'aide à votre partenaire, à un membre de la famille, ou même à un thérapeute. Disposer d'un réseau de soutien solide permet de partager les responsabilités émotionnelles et de préserver votre énergie.

Établir une communication ouverte et empathique

La communication est essentielle pour gérer une dynamique familiale harmonieuse, surtout lorsque les membres de la famille partagent des sensibilités émotionnelles différentes. En tant que parent hypersensible,

DÉFIS SPÉCIFIQUES DES HYPERSENSIBLES

vous êtes en mesure de capter des nuances subtiles dans le comportement des autres, mais il est également important de s'assurer que les autres comprennent vos besoins et vos limites.

Éviter les non-dits : Parfois, l'hypersensibilité amène à interpréter les émotions des autres de manière très personnelle, ou à éviter des discussions importantes pour ne pas déranger. Pourtant, une communication claire et ouverte permet de prévenir les malentendus et de désamorcer les conflits avant qu'ils ne deviennent trop lourds émotionnellement. Exprimez vos besoins de manière non-accusatoire et encouragez vos enfants à faire de même.

Renforcer l'empathie familiale : Dans une famille où plusieurs membres sont hypersensibles, il est essentiel de développer une culture de l'empathie. Encouragez des discussions régulières où chacun peut partager ses émotions et ses besoins. Des moments familiaux de discussion peuvent non seulement renforcer les liens, mais aussi permettre à chaque membre de se sentir entendu et compris.

Adapter la discipline à la sensibilité émotionnelle de la famille

Les parents hypersensibles peuvent trouver plus difficile de maintenir une discipline ferme, notamment lorsqu'ils sont émus par les comportements de leurs enfants. Cependant, il est possible d'adopter une approche équilibrée qui favorise à la fois la fermeté et la bienveillance.

- **Privilégier des sanctions positives :** L'une des clés est d'opter pour des stratégies de discipline positives, comme la discussion,

DÉFIS SPÉCIFIQUES DES HYPERSENSIBLES

l'écoute et la redirection des comportements. Plutôt que d'adopter une posture autoritaire ou punitive, expliquez les conséquences de certains comportements de manière empathique, en encourageant le dialogue. Par exemple, au lieu de punir un enfant pour un comportement impulsif, expliquez pourquoi ce comportement n'est pas acceptable et aidez-le à identifier des alternatives plus saines.

- Créer des moments de réconfort après la discipline : Après un moment de tension, il est important d'apporter du réconfort à l'enfant. Cela montre qu'il n'est pas rejeté à cause de son comportement, mais qu'il est toujours aimé et compris. Vous pourriez dire : « Je suis fier(e) de toi, tu as compris pourquoi cela ne fonctionnait pas, et tu vas t'améliorer. » Cette approche renforce la confiance et permet à l'enfant de mieux comprendre les limites tout en préservant son bien-être émotionnel.

Transformer l'hypersensibilité en atout parental

Gérer son hypersensibilité en tant que parent demande de la patience, de la clarté et une grande dose d'empathie envers soi-même et les autres. En reconnaissant vos émotions et celles de vos proches, en équilibrant vos besoins avec ceux des membres de votre famille et en créant un environnement de soutien et de compréhension, vous pouvez transformer votre hypersensibilité en un atout précieux pour vous et vos enfants. Cette approche vous permettra de nourrir des relations familiales harmonieuses, tout en préservant votre équilibre émotionnel et en favorisant le développement des autres membres de la famille.

CONCLUSION

Votre hypersensibilité, loin d'être une faiblesse, est une richesse, un atout puissant dans un monde de plus en plus complexe et interconnecté. En naviguant avec douceur mais fermeté à travers les défis émotionnels et relationnels, vous avez découvert que votre sensibilité est une force, un levier de croissance personnelle et de transformation. Ce livre a mis en lumière différentes stratégies pour cultiver un quotidien apaisé, gérer vos émotions et interagir sereinement avec le monde qui vous entoure. Maintenant, il est temps de célébrer ce chemin parcouru et de continuer à avancer avec confiance et sagesse.

Quels mantras et affirmations positives intégrer dans mon quotidien pour renforcer ma sérénité ?

Les mantras et affirmations positives peuvent devenir des outils puissants pour renforcer votre bien-être et transformer votre perception de vous-même. En répétant ces affirmations chaque jour, vous installez un espace de calme et de confiance au cœur de votre esprit. Voici quelques exemples d'affirmations à intégrer dans votre quotidien :

- "Ma sensibilité est une force, un atout précieux."
- "Je choisis de rester centré(e) et calme face aux défis."
- "J'accepte mes émotions sans jugement et je les laisse m'apprendre."
- "Je suis capable de créer des espaces de paix, même dans la tempête."
- "Chaque jour, je deviens plus résilient(e) et confiant(e) dans ma sensibilité."

Ces mantras doivent être répétés avec intention et régularité, que ce soit au matin pour commencer la journée sur une note positive ou au soir pour apaiser l'esprit. Au fil du temps, vous constaterez que ces affirmations deviennent un moteur de sérénité, renforçant la vision positive que vous avez de vous-même et du monde autour de vous.

Comment tirer des enseignements de mes expériences pour transformer mes défis en opportunités ?

Chaque expérience, qu'elle soit difficile ou joyeuse, recèle des enseignements précieux. En tant qu'hypersensible, vous êtes particulièrement capable d'explorer et de ressentir les nuances de chaque situation. Apprendre à transformer ces défis en opportunités est l'une des clés pour vous épanouir. Voici quelques approches concrètes :

- **Réflexion sur l'expérience** : Après une situation difficile ou émotionnellement chargée, prenez un moment pour vous poser les bonnes questions : Qu'est-ce que cette expérience m'a appris ? Quelles sont les forces que j'ai découvertes en moi ? Quels changements puis-je apporter pour faire face plus sereinement à des situations similaires à l'avenir ?
- **Reconnaître les leçons** : Vos émotions peuvent être des indicateurs puissants des enseignements à tirer. Par exemple, une tristesse ou une colère peut vous montrer où se trouvent vos limites ou vos besoins non satisfaits. Une fois ces besoins identifiés, vous pouvez agir pour les honorer de manière plus saine, transformant ainsi la douleur en une opportunité d'évolution personnelle.
- **Adopter la croissance continue** : Percevez chaque défi comme une chance de grandir. L'hypersensibilité, loin d'être un frein, est une invitation à explorer de nouvelles façons de penser et d'agir. Transformez chaque obstacle en un tremplin vers une plus grande connaissance de vous-même et une meilleure maîtrise de vos émotions.

Quels conseils clés retenir pour voir mon hypersensibilité comme un don unique, et non une faiblesse ?

- Acceptez votre hypersensibilité : La clé réside dans l'acceptation de votre nature. Loin d'être un défaut, votre sensibilité est un don qui vous permet de percevoir et de comprendre le monde d'une manière que peu de gens peuvent expérimenter. C'est un sens affiné, qui vous permet de faire preuve de compassion, d'intuition et de créativité. Apprenez à l'apprécier comme une richesse.

- Réévaluez vos perceptions de la sensibilité : Ce que notre société considère souvent comme une faiblesse (émotivité, vulnérabilité) peut, en réalité, être un atout majeur dans des domaines tels que la communication, la gestion des relations et l'art. Remettez en question les jugements extérieurs et cultivez une vision positive de votre hypersensibilité.

- Valorisez votre impact : Que vous soyez dans un environnement professionnel, familial ou personnel, votre capacité à ressentir profondément permet de créer des connexions authentiques et de faire preuve de discernement. Valorisez cet impact et sachez qu'en agissant avec cette sensibilité, vous contribuez positivement à la société en apportant plus de profondeur et de compréhension dans vos interactions.

Comment trouver ma place dans un monde qui a besoin des hypersensibles et contribuer positivement ?

Le monde a besoin de votre sensibilité. Nous vivons à une époque où les connexions humaines, la créativité et l'empathie sont des valeurs fondamentales. En tant qu'hypersensible, vous avez un rôle unique à jouer. Trouver votre place consiste à reconnaître l'importance de ce que vous apportez et à l'intégrer dans vos actions quotidiennes.

- **Célébrez votre empathie :** Les hypersensibles sont des médiateurs naturels, capables de comprendre et d'accompagner les autres de manière profondément humaine. Dans un monde en quête de sens et de bien-être, votre capacité à écouter, à comprendre et à apporter du soutien est une ressource inestimable.

- **Exploitez votre créativité :** La créativité des hypersensibles n'a de limites que celles que vous vous imposez. Que ce soit dans les arts, le design, ou même les métiers axés sur l'aide et l'accompagnement, votre sensibilité est un moteur de création. Trouvez des moyens de l'exprimer librement et d'offrir au monde une vision différente, plus riche et plus nuancée.

- **Soyez un exemple de bien-être :** En prenant soin de vous-même et en cherchant un équilibre émotionnel, vous devenez un modèle de résilience et de bien-être pour les autres. Votre propre cheminement peut inspirer ceux qui traversent des défis similaires à trouver leur propre voie vers l'épanouissement.

Votre hypersensibilité est un véritable cadeau. En comprenant comment l'accepter, l'adapter et l'utiliser à votre avantage, vous pouvez créer une vie pleine de sens, de créativité et de relations authentiques.

Vous avez désormais les clés pour transformer vos défis en opportunités et pour contribuer positivement à un monde qui a besoin de personnes aussi empathiques et visionnaires que vous.

Avancez avec confiance et rappelez-vous que votre sensibilité est votre plus grande force.

Votre Plan d'Action Hypersensible :
3 Étapes pour Commencer Dès Aujourd'hui

1. Identifiez votre énergie :
- Quelles activités ou interactions vous ressourcent le plus ?

- Notez 2 actions simples pour préserver votre énergie chaque semaine.

----

2. Posez une limite bienveillante :
- Dans quelle situation vous vous sentez débordé(e) ?

- Définissez une phrase ou une action pour poser une limite claire (ex. : "Je vais y réfléchir et te répondre demain").

----

3. Créez un rituel apaisant :
- Trouvez un moment dans votre journée pour vous recentrer (ex. : 10 minutes de lecture, méditation, journal de gratitude, marche…).

Un outil complémentaire pour nourrir votre bien-être :
Le Journal de Gratitude

La gratitude est une pratique puissante qui nourrit l'équilibre intérieur et renforce la résilience émotionnelle. Des études ont démontré que la pratique régulière de la gratitude améliore l'humeur, réduit le stress et favorise un bien-être durable. C'est pourquoi j'ai créé le *Journal de Gratitude*, un outil conçu pour vous accompagner au quotidien et intégrer cette pratique dans votre vie.

En prenant 5 minutes chaque jour pour écrire vos pensées et émotions, vous ouvrez un espace de réflexion, de bienveillance et de reconnexion avec ce qui est beau et positif dans votre vie. Ce journal est un véritable allié qui vous guidera à travers des questions, des mantras et des défis pensés pour nourrir votre sensibilité et renforcer votre bien-être.

Si ce livre vous a inspiré, il est temps de franchir une nouvelle étape.

Scannez le QR code ci-dessous pour découvrir ce journal qui vous accompagnera dans votre cheminement vers une transformation personnelle durable.

Prenez soin de vous, prenez du temps pour vous,...
Aimez vous d' abord et tout le reste s' alignera!